아이와 통하는 아빠의 말

아이와 통하는 아빠의 말

대한민국 아빠들이
꼭 읽어야 할 대화의 기술

김범준 지음

애플북스

● "회사 다니는 직장인에게는 회사어(會社語)가 있다"고 주장해 큰 화제를 일으킨 저자가 이번에는 '아빠어'에 대한 책을 내놨다. 나는 한 아이의 아빠로서 '진작 이 책을 읽었더라면!' 하는 생각을 했다. 21세기는 소통의 시대다. 회사에서, 조직에서, 모임에서 아무리 소통을 잘하는 사람이라 해도 자녀와 소통이 안 되면 꼰대(!)가 될 수밖에 없다. 이 책은 당신을 '꽉 막힌 아빠'에서 '말 통하는 아빠'로 만들어줄 것이다. 무엇보다 이 책은 매우 재밌다!

— 명로진(인디라이터, 《아빠 놀아줘요》 저자)

● 이 시대 모든 평범한 대한민국 아버지들이 꼭 읽어야 할 책이다. 아빠들이 쉽게 실천할 수 있는 방법을 제안해주어서 어렵지 않게 따라 할 수 있다. 방황하는 청소년들이 어렸을 때부터 부모와 제대로 된 관계를 맺고 많은 대화를 나눌 수 있다면 우리 가정도, 교육도, 더 나아가 우리 사회도 행복해질 것이라 믿는다.

— 유경연(서울 여의도중학교 교사)

한창 자라나는 성장기 자녀를 둔 아빠들은 직장에서도 가장 바쁜 시기를 보내게 된다. 그래서 자녀와 대화를 나눌 시간이 부족한 현실이다. 그러나 이 시기에 아이들은 아빠의 따뜻한 말 한마디를 기다리며 자란다. 너무 바빠서 자녀와 대화할 시간이 없는 아빠들을 위해, 대화하고 싶어도 어떻게 해야 하는지 방법을 모르는 아빠들을 위해 이 책의 저자가 세 자녀를 키우면서 터득한 '아빠말'을 쉽고 간결하게 잘 엮어냈다. 성장기 자녀를 둔 모든 아빠들이 이 책을 읽고 '아빠말'을 실천한다면 자녀에게 아빠의 사랑이 전해져 놀라운 변화가 일어나리라 기대해본다.

– 황영미 (서울 서초성당 부설 석문유치원 원장)

우울한 대한민국을 행복한 대한민국으로 바꿀 수 있는 힘은 부모에게 있다. 특히 아이가 사춘기를 거뜬하게 넘길 수 있는 열쇠는 아빠다. 쑥스러운 대한민국 아빠들에게 전하는 간단, 명료한 로드맵 '10가지 아빠말'을 추천하고 싶다.

– 이지현 (대전 둔산중학교 교사)

머리말 **나는 아빠다** 11

chapter 01

아이의 숨겨진 잠재력을 끌어내자

행복은 가족이 함께 만든다 21
협상의 달인, 초등학교 1학년 아이 26
대통령, 의사, 판사가 꿈이 될 수 있을까? 31
엄마가 놓친 '아빠말'을 하자 35
미래를 생각하는 아이는 다르다 39

chapter 02

긍정적이고 밝은 아이로 키우자

엄마는 기준을, 아빠는 인정을 49
아이가 듣고 싶은 '긍정말' 52
설득하는 아이로 키워라 59
아빠는 설득 훈련 아카데미 65

과정말
chapter 03

선택하는 힘을 길러주자

지도보다 필요한 것은 나침반 •75

세상에는 정답이 없다 •82

선택에 책임질 줄 아는 아이 •87

결과만으로 아이를 평가하지 마라 •91

침착말
chapter 04

아이가 의지하는 든든한 아빠가 되자

남자는 무엇으로 사는가 •103

아이의 배짱을 키워라 •106

엄마 목소리보다 잘 들리는 아빠 목소리 •110

아빠는 해결책에 집중한다 •112

힘내, 아빠가 있잖아! •117

엄격말
chapter 05

예의를 갖춘 아이로 키우자

때로는 사랑의 매도 필요하다 •127

밥상머리 교육부터 바로잡자 •130

최소한 출근 인사는 받자 •137

질책과 '엄격말'은 다르다 •140

공감말
chapter 06
아이의 자존감을 성장시키자

아이의 사회성은 아빠가 만든다 • 149
아이는 아빠의 소유물이 아니다 • 155
아이와 단둘이 데이트하기 • 158
가족이라면 가치관을 공유하라 • 163
아이의 내적 성장에 주목하라 • 166

메모말
chapter 07
아이에게 메시지로 사랑을 전하자

생각하지 못하는 아이들 • 173
포스트잇으로 대화하기 • 176
아빠의 사랑이 담긴 메모지 • 180
질문은 아이가 생각하게 만든다 • 183
아빠를 위한 추천 '메모말' • 187

식사말
chapter 08
함께 밥을 먹자, 먹으면서 칭찬하자

가족의 식탁 vs 인터넷 식탁 • 195
아이가 커가는 것을 관찰하라 • 201
일주일에 1시간이면 충분하다 • 205
아이의 능력을 깨우는 칭찬 • 208
아빠는 너보다 더 못했어! • 213

놀이말 — 아이와 함께 신 나게 뛰놀자

chapter 09

- 아빠의 자격 • 225
- 이제는 몸으로 대화하는 시대 • 232
- 어떻게 아이의 우뇌를 자극할까? • 236
- 아이와 단둘이 뛰어라 • 241
- '놀이말'의 업그레이드 버전Ⅰ, '업자말' • 245
- '놀이말'의 업그레이드 버전Ⅱ, '타자말' • 248
- '놀이말'의 업그레이드 버전Ⅲ, '목욕말' • 250

취침말 — 자고 있는 아이에게 사랑을 속삭이자

chapter 10

- 아이들의 아빠 퇴근 맞이 • 257
- 말에는 에너지가 있다 • 261
- 빈말이 열매를 맺는다 • 266
- '취침말'은 아빠를 위한 말이다 • 268

맺음말 지금도 늦지 않았다 • 275

머리말

나는 아빠다

양육의 기술이란
아이에게 삶의 기술을 가르치는 것이다.
일레인 헤프너

제가 이 책을 쓰는 이유는 무엇일까요? 결론부터 말할게요.

"내 아이가 다 자랐을 때, '하루에 10분' 아빠와 대화하는 것을 어색해하지 않기를 바란다."

목표 한번 소박하죠?

세 아이의 아빠인 저는 '불량 아빠'였습니다. 누군가 "아빠 노릇을 잘하고 있는가?"라고 물어보면 그동안 저는 아주 당당하게 이렇게 대답했습니다.

"그렇다. 어디 가서 한눈팔지도 않고, 열심히 회사 다닌다. 그럼 된 거 아닌가?"

저는 '아빠 노릇이란 밖에 나가서 돈 벌어오는 것과 같다!'라고 스스로를 변호해왔습니다. 이런 말을 하면 남자들은 당연한 듯 고개를 끄덕입니다. 하지만 여자들은? 저의 뻔뻔함에 경악하더군요.

솔직히 저는 그런 여자들의 반응이 의외였습니다. '열심히 돈 벌어다 주면 되는 거 아닌가? 주말이 되면 어떻게든 시간을 내서 아이들과 서울대공원에라도 가려고 했고, 주말 한 끼 정도는 탕수육에 짬뽕, 스파게티에 피자 한 판이라도 함께 먹으려고 애썼는데……. 이 정도면 아빠 노릇 아주 잘하는 거 아닌가?' 예전에는 정말 이렇게 생각했습니다. 하지만 이제는? 반성합니다. 아주 많이요.

대한민국 청소년들은 고민이 생기면 누구에게 하소연을 할까요? 여성가족부 자료에 따르면, 청소년들이 고민이 생겼을 때 친구에게 상담하는 비율은 무려 50.4%라고 합니다. 엄마에게 상담하는 비율은 29%이죠. 그렇다면 아빠에게 이야기하는 비율은 어느 정도일까요? 20%? 15%? 정답은 0.9%입니다. 1,000명의 아빠 중에서 단 9명만이 아이의 고민을 들을 수 있는 '영광'을 누린다는 말입니다. 이게 말이 됩니까!

아빠와 아이들의 관계는 어떻게 만들어질까요? 생각? 태도? 돈 벌어다 주는 것? 모범을 보이는 것? 모두 아닙니다. 아이와의 관계도 '인간관계'입니다. 인간관계는 결국 '말'입니다.

우리 아빠들, 한번 생각해볼까요? '나는 아이들과 말하고 있었나? 나는 아이들과 무슨 말을 하고 있었는가? 아니, 아이들이 내 말을 잘 듣고 있었을까? 내 말은 아이들에게 '선(善)한 영향력'을 주고 있었을까?'

제가 아이들에게 전화로 가장 많이 들었던 말을 돌이켜봅니다.

"아빠, 어디야?"
"아빠, 언제 와?"
"아빠, 왜 안 와?"

그렇습니다. 고작 이 정도였어요. 그것도 엄마가 시켜서 제게 전화한 것이 대부분이지 않을까 싶습니다. 어쨌거나 아이들에게 걸려온 전화에 저는 이렇게 대답했습니다.

"밥 먹고 있어. 왜?"
"오늘 늦을 거야."
"이제 갈 거야."

아이들은 저와 '서술형 주관식'으로 대화하길 원했습니다. 하지만 저는 '단답형 주관식' 혹은 '객관식'으로 말해왔습니다.

40대에 들어서면서, 저는 겁이 났습니다. 그동안 아이들과 대화를 전혀 안 한 건 아닙니다. 그렇지만 생각해보니 그 말은 모두 일방적이거나 의미 없는 단어의 나열에 불과했습니다. 제가 쏟아낸 말은 아이들에게 특별한 의미가 없었던 말뿐이었습니다. 즉, 지금까지의 말은 감정이 담긴 말이 아니었습니다.

첫 아이가 태어난 지 10년, 그 금 같은 시간을 일과 회사를 핑계로 아이들에게 소홀히 했습니다. 늘 바쁜 척을 했고요. 아쉬움이 남습니다. 아무리 일이 바빠도 하루가 다르게 커가는 아이와 소통하려는 노력을 했어야 합니다. 왜 저는 '아이는 스스로 큰다!'고 확신했을까요? 왜 저는 '아이는 온전히 엄마가 키우는 것'이라고 단정 짓고 있었을까요? 이 모두가 '귀차니즘'이 불러온 책임 회피가 아니었을까요?

초등학교 2학년인 첫째와 이야기하다 보면 훌쩍 커버린 아이를 발견하곤 깜짝 놀랍니다. 어느덧 아이는 사리 분별을 명확하게 합니다. 논리로는 제가 지는 경우도 많습니다. 대견하기에 앞서 저 자신의 한계에 겁이 납니다. 그리고 고민이 됩니다. '내가 이 아이를 감당할 수 있을까?'

저는 우연한 기회에 아이와 즐겁게 대화할 수 있는 방법을 관찰하게 되었습니다. 그리고 그 방법을 책으로 세상에 내놓게 되었습니다. 아이와의 대화가 얼마나 중요한 것인지를 '늦지 않게' 알게 된 것만도 행운이라고 생각합니다. 고리타분하고 편견과 아집으로 가득한 '꼰대'로 치부되기 전에 아이에게 소중한 아빠가 되려고 노력하는 제 모습이 대견하기도 합니다.

우리도 한때는 아이였습니다. 다만 지금은 아이였을 때의 생각을 잊어버렸을 뿐이죠. 이 책은 우리가 잊어버린 아이의 말을 되찾고, 그것을 아빠가 아이에게 해야 하는 말로 변형시켜, 아빠와 아이가 제대로 커뮤니케이션할 수 있게 도울 것입니다.

'안다'라는 것은 '관계를 맺는 것'입니다. 관계를 맺는다는 것은 '교류한다'는 의미겠죠. 저는 이제 아이를 알기 위해서 교류할 것입니다.

아이와 교류하기 위한 커뮤니케이션의 도구는 바로 '아빠말'입니다. 아이와 어떻게 대화해야 하는지에 관해 이미 많은 사람이 말을 했습니다. 교육 전문가, 소아정신과 의사, 육아에 도가 튼 엄마들 등은 대부분 이런 말을 하더군요.

- 아이와 제대로 대화하기를 원하는가? 마인드를 바꿔라!
- 하루에 2시간은 가족과 시간을 보내라!
- 일주일에 하루는 캠핑을 가라.
- 하루에 30분은 책을 읽어줘라!

글쎄요. 저는 이런 당연한(하지만 우리 아빠들에게 불가능한) 말은 하지 않겠습니다. 이 책은 일반적인 자녀교육서와 조금, 아니 많이 다릅니다. 그냥 평범하게 회사에 다니고, 평범한 표정을 짓고 다니며, 평범하게 하루하루를 수습하며 살아가는 아빠가 썼습니다. 그 이름도 심심한 '평범한 40대 중년 아빠'가 쓴 글입니다. 어렵지 않을 것이고, 실천하기도 쉬울 거로 생각합니다.

여기에 나온 '아빠말 10가지'를 아이와 말할 때 '써먹기만' 하라고 권하고 싶습니다. 충분히 해볼 만합니다. 아이에게 관심은 있지만 육아에는 도저히 엄두가 안 나는 서툴고 부족한 아빠, 이런 저조차도 쉽게 적용할 수 있었으니까요.

아이와의 대화를 엄마에게만 맡겨놓지 않았으면 합니다. 제대로 된 대화야말로 아이와 소통할 수 있는 유일한 수단입니다. 아이와 소통조차 안 된다면 어떻게 그 아이를 당당하게 내 아이라고 말할 수 있겠습니까?

물론 쉽지 않습니다. 대화는 결국 나 혼자 내뱉는 행위가 아닌 상대방의 말을 들어야 하는 과정이 필요하기 때문입니다. 아이와 대화하는 방법도 모르고, 대화에 포함되어야 할 콘텐츠(contents)도 모릅니다. 저를 포함한 우리 아빠들은 의외로 무지(無知)합니다. 그 어디서도 아이와의 커뮤니케이션에 관해 배운 적이 없습니다. 커뮤니케이션이 안 되다 보니 결국 우리 아빠들은 아이와 아내로부터 소외됩니다. 결국엔 아이와의 친밀함이 사라져 버렸고요. 벌써부터 우리 집 아이가 '엄마랑 학원 선생님만 있으면 아빠 따윈 필요 없어!'라고 생각하는 건 아닐까 걱정됩니다.

집에 일찍 들어와 있다고, 아이와 함께 있다고, '아이와 소통하고 있다'고 착각하면 안 됩니다. 어떻게 시간을 만드느냐가 중요한 게 아닙니다. 짧은 시간이라도 어떻게 아이와 소통하고 있는지가 중요합니다.

아빠가 먼저 관계의 문을 열어야 합니다. 가정에서 '외딴 섬'이 되기 전에 가족 구성원을 연결하는 다리(bridge)가 되어야 합니다. 아이와 진정으로 소통하는 아빠가 되어봅시다. 그 시작을 '아빠말'이 도와줄 겁니다.

이제부터 제 목표를 말씀드리겠습니다. 앞에서 말했죠. "내 아이가 다 자랐을 때, '하루에 10분' 아빠와 대화하는 것을 어색해하지 않기를 바란다." 하루에 10분이라, '에게!'라고요? 그렇지 않습니다. 극악스러운 숫자 '0.9%'를 보셨잖아요. 저는 아이가 커서 고민이 생겼을 때 상담을 원하는 '0.9% 아빠'에 도전할 겁니다.

아이의 대화조차 되지 않는 아빠로 전락하지 않기 위해 발버둥을 치겠습니다. 즐겁거나 슬프거나 아빠와 대화하기 원하는 아이가 바로 제 아이였으면 좋겠습니다. 아빠로서의 무게는 간직할 겁니다. 하지만 '꼰대' 흉내는 내기 싫습니다. 별 볼 일 없는 '남자의 자존심'과 그저 그런 '아버지의 권위' 따위는 던져두겠습니다. 남자로 태어나 이 세상을 바꾸려고 애쓰는 것 이상으로 '진짜 아빠'로 거듭나 가족 안에서 즐거운 시간을 갖도록 노력할 겁니다.

김범준

미래
앞으로 올 때.

미래말
현재 아이의 행동이나 상태가 아닌,
미래에 기대감을 갖고 초점을 두는 아빠의 말.

아이의 숨겨진 잠재력을 끌어내자

chapter 01

"미래말"

아이들은 모두 예술가다.
문제는 이들이 어른이 되어서도
예술가일 수 있는가일 뿐이다.
피카소

미래말

행복은
가족이 함께 만든다

저는 아이를 3명 키우고 있습니다. 아니, 키우는 게 아니라 '돈을 벌어다 준다'고 해야 정확하겠습니다. 아이를 키우는 건 제 아내가 아닐까요? 아이를 키운다고 하면 구체적인 '액션(action)'이 있어야 하는데, 저는 아무리 생각해도 별다른 액션이 없었던 것 같습니다.

그렇다면 아이와 저는 무슨 관계일까요? 아이와의 관계도 결국에는 '인간관계'입니다. 인간관계는 서로 다른 사람, 즉 타인을 전제로 합니다. 그리고 그 타인에는 제 아이들도 포함되죠. 아이와 저는 서로 다른 인격체인 것입니다. 이렇게 가족은 다른 인격이 모인 인간관계의 복합체입니다.

이제는 '이미 가족'이라고 해서 앞으로도 '계속 가족'이 될 수 있다고 함부로 말할 수 없는 시대가 되었습니다. 임시적인 '이미 가족'이 진정한 '계속 가족'이 되는 데 필요한 것은 무엇일까요?

솔직히 아내와 아이들은 '계속 가족'이 되는 데 문제가 없어 보입니다. 매일 지지고 볶고, 늘 관계를 맺고 있는 것처럼 보입니다. 하지만 우리 아빠들은 어떤가요? 가정이란 울타리에서 어떤 존재인가요? 아이들에게 아빠란 존재는 무엇인가요?

저는 아침에 회사에 가면 밤늦게 집에 들어옵니다. 집에 들어오면 3명의 아이 중에 2명은 막 자려고 하거나 혹은 이미 잠들었고, 나머지 1명만 저를 기다릴까 말까 합니다. 그러다 보니 하루에 아이들과 대화하는 시간이 10분이 채 되지를 않았습니다. 이런 제가 과연 아빠 자격이 있는 걸까요? 아이들이 저를 아빠로 생각하기는 할까요? 제가 생각하는 아빠와 아이들이 생각하는 아빠의 괴리는 얼마나 벌어져 있는 걸까요? 도대체 어쩌다 이렇게 되었을까요?

저는 아이들을 사랑합니다. 누가 제 아이들을 건드린다면(?) 지구 끝까지 찾아가서 복수할 겁니다. 그런 제가 평소에 아이들과 어떻게 관계를 맺고 있었는지 되돌아봅니다. 과연 저는 진정으로 아이들을 사랑하고 있었던 걸까요?

'행복의 조건'에 관해 연구를 하던 미국의 조지 베일런트 교수에 의하면 행복한 삶을 뒷받침하는 것은 47세 무렵까지 만들어놓은 인간관계라고 합니다. 저는 이 말을 듣고 '회사 사람들, 학교에서 만난

미래말

친구들과 좋은 관계를 맺기 위해 노력하라는 말이구나!'라고 생각을 했었습니다.

그런데 가만 생각해보니 저는 무엇인가 착각하고 있었습니다. 정말 중요한 인간관계는 가족과의 관계 아닌가요? 가족과의 관계조차 제대로 이루어지지 못했으면서 밖으로 나돌아다니며 인간관계를 소위 '구축'해야 한다고 생각한 오류를 범한 것입니다. 아내와의 관계, 부모님과의 관계, 그리고 이 세상에서 가장 소중한 제 아이들과의 관계에 대해서는 '돈 벌어다 주니까 당연히 좋은 인간관계'라고 착각하고 있었던 것입니다. 우리 아빠들을 위한 '행복의 조건'은 이렇게 고쳐져야 합니다.

"우리 아빠들의 행복한 삶을 뒷받침하는 것은 47세 무렵까지 만들어놓은 아이와의 관계, 아내와의 관계, 부모와 친척과의 관계, 그리고 그 이외 사람들과의 인간관계다!"

아빠가 아이의 미래를 결정한다

저는 아이에게 "크면 뭐가 되고 싶어?"라는 질문을 자주 합니다. 아마 당신도 마찬가지일 겁니다. 이 말은 "네가 잘되길 바란다"라는

'아빠식 표현'이라고나 할까요? 사실 아빠의 욕망이 잔뜩 포함된 말이기도 하지요. 우리 아빠들은 이런 생각을 많이 합니다.

'이 아이는 커서 뭐가 될까?'
'이 아이가 커서 어떤 사람이 될까?'
'우리 아이가 건강하게 자라기를. 이왕이면 자기 앞가림은 제대로 하고 살기를.'

우리 아빠들은 세상이 만만치 않음을 누구보다 잘 알고 있기 때문이죠.
어떤 사람은 회사에 다니는 게 마치 놀이공원에 가는 것처럼 즐겁다는 말을 합니다. 그렇게 즐겁다면 회사에 돈을 내야 하지 않을까요? 우리가 재미있는 것을 느끼고 보는 데 돈을 내는 것처럼 말입니다. 연극을 보러 가거나 영화관에 가면 재미있게 해주는 대가로 돈, 즉 관람료를 내잖아요. 이처럼 회사가 저를 즐겁게 해준다면 당연히 만만치 않은 돈을 지급해야 마땅합니다.
그런데 그런 회사가 있기는 하나요? 당신이 다니는 회사는 마냥 편하고 즐겁기만 한가요? 그렇지 않습니다. 이렇게 세상이 험하기 때문에 우리 아이가 커서 어떤 사람이 될지, 무엇을 할지 궁금한 것은 당연합니다.
사실 아빠들이 진짜 궁금한 건 아빠인 '나'입니다. 아이의 미래가

미래말

결국 아빠 자신의 미래이기 때문입니다. 이렇듯 모든 사람은 '내가 누구인지' 궁금합니다.

여기서 중요한 것이 있습니다. 내가 누구인지 알기 위해서는 내 앞에 있는 '너', 혹은 내 주위에 존재하는 '그'와 '그녀'를 알아야 합니다. 우리는 자신을 둘러싼 사람들과의 관계 속에서 존재하기 때문이죠. 그 관계 중에서도 가장 중요한 것은 가족 관계이며, 특히 아빠를 표상하는 것이 아이입니다. 그러니 당연히 아이의 미래에 관해 우리 아빠들은 궁금하고 걱정합니다.

하지만 이것 아세요? 아이의 미래를 결정짓는 데에는 아빠의 말 한마디가 중요하다는 것을 말입니다. 아이의 미래를 바꿀 수 있는 말을 아빠가 해야 합니다. 그래서 '미래말'입니다.

협상의 달인,
초등학교 1학년 아이

아내가 집에 채소가 떨어졌다고 해서 가족들과 함께 대형 상점에 간 적이 있습니다. 거기서 뜻하지 않게 채소 가격의 몇 배나 되는 장난감을 사게 됐죠. 유치원 혹은 초등학교 저학년 아이를 둔 아빠라면 한 번쯤 경험해봤으리라 생각합니다.

아이들은 협상의 달인입니다. 아이들도 '밀당'을 할 줄 알아요. 심지어는 1년 후에 있을 미래의 일을 협상의 도구로 삼기도 합니다. 이게 무슨 말이냐고요?

다음은 저와 제 둘째 아들(초등학교 1학년)이 나눈 대화입니다.

미래말

아이   "아빠, 올해 크리스마스에는 무슨 선물 사주실 거예요?"
아빠   "응? 그거야 그때 가서 생각해봐야지."
아이   "미리 사주시면 안 돼요? 그때 가서 안 사주셔도 돼요."
아빠   "뭐라고?"

대화가 오고 간 장소는 대형 상점의 장난감 코너, 시기는 올해 설날이 지난 직후였습니다. 10개월도 넘게 남은 크리스마스 선물을 두고 40살이 넘은 아빠와 10살도 안 된 아이의 기 싸움이 치열하게 벌어졌죠. 저는 '빽!' 하고 목소리를 높였습니다.
"말도 안 되는 소리 하지 마!"

레고가 좋아?
아빠가 좋아?

아이들은 나이에 따라 좋아하는 대상(캐릭터나 장난감 등)이 다릅니다. 제 기억으로는 토마스와 친구들, 뽀로로, 마법전사 유캔도, 파워레인저, 번개맨, 레고 순서였던 것 같습니다(초등학생 남자아이 기준입니다. 이런 것들을 처음 듣는다고요? 아빠의 기본도 안 되어 있는 겁니다. 아이가 가장 좋아하는 것을 아빠가 모르고 있으면 되겠습니까?).

레고는 저도 어린 시절에 많이 갖고 놀던 장난감이었습니다. 다만 지금의 레고와 예전의 레고는 많이 다릅니다. 제가 가지고 놀던 레고는 그냥 '블록 조각들'이었습니다. 친구들과 이런저런 시간을 보내기 위한 장난감 중의 하나였죠.

그러나 지금의 레고는 그냥 블록이 아닙니다. 기본적으로 스타워즈, 프렌즈, 키마, 닌자고 등의 캐릭터로 거의 완성되어 제작됩니다. 그러다 보니 아빠들에게 몇 가지 문제가 생겼습니다. 우선, 예전에는 한 번 레고를 사주면 아이들은 그것으로 몇 년을 가지고 놀았었습니다. 유행이란 게 없었어요. 그런데 지금은 한 번 사주면 다음 달에 또 사줘야 합니다. 새로운 캐릭터가 계속 나와서 아이들을 '미치게' 하기 때문이죠.

이렇게 새로운 캐릭터를 '장착한' 레고가 하루가 멀다하고 나오니 그거 사주는 데에 돈이 꽤 많이 듭니다. 담뱃값, 커피값도 절약하는 형편인데 아무 생각 없이 1만 원을 훌쩍 넘는 돈을 지급하기가 부담스럽습니다. 아이 생일이나 어린이날이라도 되면 10만 원이나 되는 레고 구매를 '강요당하는' 현실이 괴롭기만 합니다.

그런데 가장 큰 문제는 레고와 아빠가 싸워야 한다는 것입니다. 싸우다니, 무슨 말일까요?

"레고가 좋아, 아빠가 좋아?"

이 싸움을 해야 한다는 겁니다. 물론 아빠인 저의 완패입니다.

저는 레고가 싫습니다. 레고에 아이의 사랑을 빼앗겼습니다. 이제 어떻게 하죠? "레고 가지고 놀지 마!"라고 소리쳐야 하는 걸까요? 이미 '정면 승부'는 불가능합니다. 레고를 이기는 대화를 할 것

미래말

인가, 레고와 타협하는 대화를 할 것인가, 그것이 문제입니다.

레고를 좋아하는 아이
vs 레고를 만드는 아이

저는 레고와 타협하기로 마음먹었습니다. 그래서 레고에 관해 아이와 말해보기로 했어요. 잠시 무슨 말을 할까 고민했습니다. 마음 같아서는 "그래, 이제 네 마음대로 하렴!"이라고 소리치고 싶었지만, 이건 좋은 방법이 아니라는 판단이 섰습니다. 레고와 타협하기로 했지, 지기는 싫었거든요. 그래서 저는 대화법을 바꾸었습니다. 레고와 애정을 겨루기보다 레고를 통해 아이와 친해지기로 한 것입니다. 이때 '미래말'을 사용해봤습니다.

"레고를 만드는 사람이 되는 건 어떠니?"

괜찮은 방법이었습니다. 무슨 소리냐고요? 다음은 아이와 나눈 대화입니다.

아빠   "나중에 커서 뭐가 되고 싶어?"

아이   "과학자요!"

아빠   "어떤 과학자가 되고 싶니?"

아이   "비행기를 만들고, 로봇도 만드는 과학자요."

아빠   "그래? 레고 만드는 과학자는 어때?"

29

아이   "레고? 그건 만들기 어려울 것 같아요."

아빠   "어른이 되면 쉽지 않을까?"

아이   "정말요?"

아빠   "그럼! 넌 지금 어떤 레고를 갖고 싶니?"

아이   "음, 고무로 만든 레고요!"

아빠   "멋진데! 그래, 바로 그거야! 그런 거 만들면 되지."

아이   "그럼 내가 레고를 만드는 사람이 되는 거네요?"

아빠   "레고만 만들고 싶어? 레고보다 더 재미있는 것도 있을 수 있잖아."

아이   "하지만 레고보다 재미있는 것을 못 봤어요."

아빠   "네가 친구들을 위해 레고보다 더 재밌는 장난감을 만들면 어떨까?"

이렇게 아이와 레고에 관해 이야기를 나누면서 아이가 스스로 자신의 미래를 생각하게 하는 겁니다.

저는 아이가 레고를 갖고 노는 것에서 그치는 게 아니라, 레고를 만드는 사람이 되기를 바랍니다. 이미 세상에 존재하고 있는 것을 소비하는 사람이 아니라, 세상에 없는 것을 만들어서 사람들을 즐겁게 해주는 사람이 되기를 원합니다. 저뿐만 아니라 이 책을 읽는 모든 아빠의 마음도 마찬가지이지 않을까요?

미래말

대통령, 의사, 판사가 꿈이 될 수 있을까?

아빠는 아이와 함께 아이의 꿈에 관해 대화할 수 있어야 합니다. 꿈은 반드시 거창할 필요가 없습니다. 어렵게 생각하지 마세요. 그저 아이와 함께 미래를 이야기한다고 생각하면 됩니다. 하지만 우리 부모들은 자신의 욕망이 깃든 직업을 아이의 꿈으로, 아이의 미래로 세뇌시키려고 노력합니다.

아빠   "영철아, 너는 꿈이 뭐지?"
아이   "판검사요!"
아빠   "옳지, 그래야지!"

아이는 부모가 강요한 꿈을 앵무새처럼 말합니다. 이를 보고 부모들은 즐거워합니다. 험한 세상을 살아가면서 터득(?)하게 된 삶의 목표(?)를 아이에게 주입하는 데 성공한 거죠. 아이에게 자신이 원하는 목표를 주입시키는 엄마와 아빠. 한 마디로 '집착'입니다.

이런 집착이 성과를 내기 위해서는 돈이 듭니다. 그래서 부모는 자본주의 사회에서 가장 중요한 돈을 아이에게 '투자'합니다. 학원에 보내고 과외를 시킵니다. 그리고는 투자한 만큼 성과를 기대합니다.

그런데 기대했던 만큼 성과가 안 나오면 어떻게 할까요? 2가지로 대응합니다. 돈을 더 투입하거나, 아이를 달달 볶습니다. 이런 행동이 아이의 마음을 병들게 하고, 애어른이 되게 만듭니다. 아이는 이제 엄마와 아빠의 마음에 들기 위해서 어떻게 말해야 하는지를 스스로 압니다. 그리고 모범답안을 힘차게 외칩니다.

"서울대에 갈 거예요!"

"대통령이 되고 싶어요!"

"판검사가 될 거예요!"

아이를 부모가 만든 틀에 맞춰 키우기는 정말 싫습니다. 아이가 서울대에 가고 대통령이 되면 물론 기쁘겠죠. 하지만 그 이후에 아이가 겪어야 할 삶의 고단한 과정이 벌써 눈에 보입니다. 저는 아이

미래말

가 '해야 하는 것'을 강요하기보다 아이가 '잘할 수 있는 것'에 몰입하도록 도와주고 싶습니다. 아이의 숨겨진 잠재력을 끌어내기 위해서 말입니다.

꿈은 '단어'가 아니라 '문장'으로 말해야 한다

"저는 의사가 되고 싶어요!"

의사가 되는 게 꿈인 아이가 있습니다. 아이가 의사가 되었다고 해봅시다. 아마 그 아이, 아니 그 의사에게 세상에 멋진 일은 더 이상 없을 겁니다. 이미 꿈을 이룬 게 되니까요.

이렇듯 '의사'가 꿈이 되어서는 안 됩니다. '무엇을 하고 싶은 사람인가?'에 대한 가치관의 정립 없이 그저 '~이 되고 싶다'라는 건 꿈이 될 수 없습니다.

물론 가난하다면 돈을 벌어야 하고, 공부를 못한다면 열심히 공부하는 노력은 필요합니다. 하지만 가난에서 벗어나고 공부를 잘하게 되면 그것으로 끝일까요? 더 많은 돈을 벌려고 하고, 목표도 없는 공부에만 몰두하면 그거야말로 문제가 아닐까요?

꿈은 단어로 표현하는 게 아닙니다. 하나의 문장으로 말할 수 있어야 합니다. 바로 이렇게요.

33

"저는 의사가 되어서 아픈 사람들을 치료하고 싶어요!"

아이가 이런 말을 하기 위해서는 아빠의 도움이 필요합니다. 아이가 올바르게 자신의 미래를 표현할 수 있도록 도와주는 '아빠말'이 바로 '미래말'입니다.

다음에서 '미래말'로 적절한 것과 아닌 것을 비교해보도록 하죠.

"판검사가 되어야 해!" (×)

"억울한 사람을 도와주는 사람이 되는 건 어떠니?" (O)

"과학자가 되어야 해!" (×)

"로봇을 만들어서 아이들을 즐겁게 하는 사람이 되도록 노력해보는 건 어때?" (O)

단어가 아닌 문장으로, 어떤 '직업'이 아닌 그 직업이 갖는 근본적인 '가치'와 그것을 통해 '하고 싶은 일'을 아이가 말하도록 도와주는 것, 이게 바로 진정으로 아빠가 아이에게 해야 하는 '미래말'이 아닐까 합니다. "무엇이 되어라!"라는 저급하고 단기적인 욕구를 표현하는 게 아니라 "어떻게 살아야 한다"라는 과정 지향적이고 장기적인 꿈을 꾸게 하는 '미래말'을 아이들과 해보는 게 어떨까요?

엄마가 놓친 '아빠말'을 하자

아이에게 '미래말'을 할 때에는 아이가 '지금 가진 것'이 아닌 '앞으로 가질 것'에 초점을 맞추세요. 아무래도 이런 역할은 엄마보다 아빠에게 더 잘 어울립니다.

사실 엄마는 학교에서 보내주는 가정통신문과 선행학습, 그리고 '아친엄'(똑똑하고 성적 좋은 아들 친구의 엄마)이 어떻게 아들을 '들볶는지'에 대해 관심을 두지 않을 수가 없습니다. 그러다 보니 정작 아이 인생의 큰 그림을 그리는 것에 익숙하지 않죠. 우리 아빠들이 아이에게 인생의 큰 그림을 그려주세요. 이런 역할을 왜 아빠가 해야 할까요?

그 근거를 보여주겠습니다. 다음은 EBS에서 실험한 사례입니다. 초등학생과 성인 등 남녀 40명에게 1분 내로 자전거를 그려보도록 했습니다. 그 결과는 어땠을까요?

"남자들이 그린 그림은 1분이라는 짧은 시간에도 불구하고 자전거의 핵심을 잡아 비교적 훌륭하게 완성했다. 이에 비해 여자들이 그린 자전거는 조금 엉성해 보인다. 부분만 그리다가 완성하지 못한 그림이 대부분이고, 특이하게 사람까지 그린 그림이 있다. 어떤 것은 이런 자전거를 과연 탈 수 있을까 하는 의문이 들 정도로 기괴하다. 남자의 뇌는 사물의 전체적 특징을 파악하고 그것을 정리하는 능력이 뛰어나다. 이에 비해 여자의 뇌는 전체적 특징보다는 자신이 관심 있는 한 부분만 보는 경향이 있다."

(EBS 아이의 사생활 제작팀, 《아이의 사생활》, 지식채널, 2009)

이렇듯 여자가 사물의 '부분'을 보는 것에 익숙하다면, 남자는 '전체'를 파악하는 것에 익숙합니다. 그렇다고 여자가 남자보다 열등하다는 말이 아닙니다. 전체를 파악하는 것에는 익숙하지만 부분을 보는 것에 미숙하다면 오히려 그게 더 열등한 것일 수도 있으니까요. 남녀의 차이점이 옳고 그림으로 평가되어서는 안 됩니다. 단지 '다름'일 뿐이죠.

우리는 남녀의 '다름'을 적극적으로 활용해야 합니다. 엄마는 여

미래말

성의 감수성과 부드러움, 세밀함으로, 아빠는 남성의 폭넓음과 강인함, 투박함으로 아이에게 말하는 겁니다.

그렇다면 아빠는 아이에게 어떻게 '미래말'을 하면 될까요? '현재'가 아닌 '앞으로 일어날 일'에 대해 긴 호흡으로, 무게 있는 말을 하면 됩니다. 바로 이렇게요.

"숙제는 했니? 숙제부터 하고 놀아야지." (×)
"지금 열심히 숙제하고 놀아야 나중에 후회하지 않는단다." (○)

"네가 나중에 커서 의사가 되었으면 좋겠어." (×)
"아픈 사람 고치는 사람이 되고 싶은 거지?" (○)

"달리기만 잘하면 뭐하니. 공부를 안 하는데." (×)
"어제 보니 달리기를 잘하던데? 몸이 건강하면 모든 걸 다 잘할 수 있어." (○)

"내일 받아쓰기 시험, 1개라도 틀리면 안 돼!" (×)
"받아쓰기 100점 맞으면 저녁에 운동장에서 야구놀이 해줄게." (○)

만약 아내가 아이와 지엽적이고 근시안적인 대화를 하고 있다면 아이에게 조용히 다가가 인생의 큰 그림을 제시하는 말을 해주세요. 반대로 아내가 넓은 시야로 아이와 대화하고 있다면 아빠는 조용히 지켜보고 있으면 됩니다.

  아이는 현재에 몰두하는 데 익숙합니다. 물론 지금 이 순간을 소중히 여기는 것은 중요합니다. 하지만 아내까지 현재에 머물러 좁은 시야로 아이와 대화한다면 이제는 아빠가 나서야 할 때입니다. 아이와 '미래말'로 대화하여 아이가 현재에만 몰두하는 것이 아닌 미래를 생각하고 준비할 수 있도록 우리 아빠들이 노력합시다. 그게 아빠의 당연한 의무가 아닐까요?

미래를 생각하는 아이는 다르다

혹시 "그 집, 한풀이했네"라는 말을 들어보셨나요? 이게 무슨 소리일까요? 그건 바로 아들이 서울대에 입학했거나 딸이 의사가 되었을 때처럼 자식이 부모가 원하는 직업이나 학력을 갖게 되었을 때 사람들이 하는 말입니다.

저는 이쯤에서 질문하겠습니다. 과연 행복은 직업으로 완성될까요? 어느 정도 완성될 수는 있을지 모르겠으나 정답은 아닌 것 같네요. 부모의 강요에 따른 성취는 절대 아이의 행복과 연관되지 않을 겁니다. 물질적으로는 조금 더 풍족할지 모르겠지만요.

물질적으로 풍요롭게 사는 것, 좀 더 나아가 생존을 잘하는 것도 중요한 삶의 가치라는 것에는 저 역시 동의합니다. 다만 전부가 되어서는 곤란합니다.

광고인으로 유명한 박웅현 ECD는 자신의 책에서 이런 말을 했습니다.

"결국 그는 미국 교육은 '네 안에 있는 것은 무엇인가'를 궁금해 한다면 한국 교육은 '네 안에 무엇을 넣어야 할 것인가'를 고민하는 것이 가장 큰 차이라고 했습니다. 바깥에 기준점을 세워놓고 맞추는 것이 아니라 사람 안에 있는 고유의 무엇을 끌어내는 교육을 이야기한 것이죠."

(박웅현,《여덟 단어》, 북하우스, 2013)

미국 교수들은 학생의 머릿속에 무엇인가를 '집어넣으려' 애쓰기보다 학생이 생각하는 것을 '뽑아내려고' 노력한답니다. 정말 멋지지 않나요? 또 하나의 기사를 소개하죠.

미 뉴저지에 있는 보딩스쿨인 페디스쿨(Peddie School)을 거쳐 코넬대 건축학과를 나온 박성렬 씨(29세)는 귀국해 디자인 관련 벤처기업을 차렸다. 그는 유학시절 수업시간에 '왜'라는 질문을 가장 많이 받았다고 한다. 교사는 줄곧 "네 의견을 말해봐라, 왜 그렇게 생각하느냐, 근거가 뭐냐?"고 질문을 던졌다. 박씨는 "미국에선 중·고

미래말

교 때부터 토론 수업과 팀 단위로 조사·연구해야 하는 프로젝트 과제가 많다"며 "관찰하고 분석하며 끊임없이 이유를 찾는 공부법이 대학 졸업 후에도 도움이 되더라"고 말했다.

〈〈중앙일보〉, 2013년 8월 21일 자〉

이렇듯 외국의 중·고등학교에서는 교사가 학생들에게 가장 많이 하는 말이 "네 의견을 말해보렴"이랍니다.

그렇다면 이쯤에서 한번 생각해봅시다. 우리 아빠들은 아이의 머릿속에 무엇인가를 집어넣으려는 사람인가요? 아니면 아이가 가진 것을 뽑아내려는 사람인가요? 더 나아가 아이가 스스로 자신의 미래에 관해 생각할 수 있게 도와주는 사람인가요? 아니면 생각을 주입하는 사람인가요?

미래를 생각하는 아이로 키우는 방법 Ⅰ

우리 아빠들은 아이가 스스로 자신의 미래를 생각할 수 있도록 도와줘야 합니다. 그래야 아이는 자신의 인생을 주체적으로 살 수 있고, 독립적인 사람으로 자라날 수 있습니다. 그 방법으로는 무엇이 있을지 함께 찾아봅시다.

어떤 성공한 기업인은 이렇게 자식 교육을 했답니다. 그분의 두

딸 모두 '세상의 모든 엄마, 아빠가 원하는 스타일'(즉, 말썽 없이 중·고등학교를 졸업한 후 명문대에 입학)로 성장했습니다. 아이들이 '잘 자란' 비결에 관해 물으니, 그분은 아이가 앞으로 진학했으면 좋겠다고 생각하는 고등학교와 대학교에 산책 삼아 다녔음을 꼽더군요.

"주말이나 방학 때 갈 곳이 없으면 대학교에 갑니다. 요즘 대학교에는 캠퍼스가 정말 잘되어 있어요. 주차비는 나오지만 그깟 주차비가 문제인가요. 어느 대학교의 법학관 앞 벤치에 앉아 커피를 마시며 쉽니다. 일요일인데도 책을 가득 들고 도서관에 가거나 벤치에 앉아 공부하는 대학생들을 보면서 아이들은 스스로 느끼는 게 많은 것 같더라고요. 일요일에도 구내식당이나 매점, 심지어는 맛있는 커피가 있는 카페가 모두 문을 여니까 반나절 편하게 쉬다 오기 좋습니다. 아이들과 동물원이나 놀이동산에 가는 것도 좋지만 대학교에 '놀러' 가시기를 '강추' 합니다."

그렇게 한번 대학교에 놀러 갔다 오면 아이들이 스스로 달라지려고 했답니다. 그리고 이렇게 말했다고 해요.

"자신만의 생각을 가지고 열심히 노력하는 대학생 형과 누나들이 멋있어요. 저도 멋진 대학교에 들어가기 위해 노력할 거예요!"

미래말

아이가 자신의 미래를 스스로 생각하며 꿈과 목표를 가지는 순간입니다. 혹시 오늘이 일요일인가요? 그렇다면 아이의 손을 잡고 '명문대 캠퍼스 산책 놀이'를 즐기는 건 어떨까요?

미래를 생각하는 아이로 키우는 방법 Ⅱ

아이의 꿈을 대변하는 '롤모델'을 아이와 함께 찾아봅니다. 예를 들어 아이가 백설공주를 좋아한다면 이렇게 말하는 거죠.

"백설공주가 아주 예쁘지? 백설공주를 만든 사람이 누군지 아니? 바로 그림형제들이야. 그들이 백설공주도 만들었고, 신데렐라도 만들었어. 너도 이런 사람이 되고 싶지 않니?"

아이의 꿈이 될 롤모델을 함께 찾고, 그것을 아이에게 말해줄 수 있는 아빠가 '미래말'을 잘하는 아빠입니다.
다음을 비교해보시죠.

"너는 정말 용감해!" (×)
"너는 이순신 장군처럼 용감해!" (O)

"너는 누군가를 위해서 좋은 날을 만들 수 있을 거야!" (×)

"너는 방정환 선생님처럼 누군가를 위해서 좋은 날을 만들 수 있을 거야!" (O)

아이들은 위대한 인물들에 관심이 많습니다. 특히 초등학교 2~4학년 때쯤이 아닌가 싶네요. 이때 위대한 인물의 업적에 관해 말해주세요. 그리고 미래에 관해 이야기할 때에는 아이의 롤모델이 될 누군가를 함께 포함해 말하는 것을 잊지 마세요. 이것이 아이에게 미래에 대한 자신의 의지를 키울 수 있게 하는 방법입니다.

미래말

'미래말' Quiz

학교 다닐 때 가장 싫어했던, 그러나 아빠이기에 꼭 해야 하는 복습

1. '미래말'의 대화로 적절한 것은 '가'와 '나' 중 어느 것인가? (   )

　가. "영철아, 너는 꿈이 뭐지?"
　　　"판검사요!"
　　　"옳지, 그래야지!"

　나. "영철아, 너는 꿈이 뭐지?"
　　　"판검사요!"
　　　"억울한 사람을 도와주는 사람이 되고 싶구나?"

2. 다음 중 '미래말'로 적당한 것에는 ○, 적당하지 않은 것에는 ×를 하라.

　가. "숙제는 했니? 숙제부터 하고 놀아야지." (   )
　　　"지금 열심히 숙제하고 놀아야 나중에 후회하지 않는단다." (   )

　나. "아픈 사람 고치는 사람이 되고 싶은 거지?" (   )
　　　"네가 나중에 커서 의사가 되었으면 좋겠어." (   )

　다. "어제 보니 달리기를 잘하던데? 몸이 건강하면 모든 걸 다 잘할 수 있어." (   )
　　　"달리기만 잘하면 뭐하니. 공부를 안 하는데." (   )

　라. "내일 받아쓰기 시험, 1개라도 틀리면 안 돼!" (   )
　　　"받아쓰기 100점 맞으면 저녁에 운동장에서 야구놀이 해줄게." (   )

　마. "너는 정말 용감해!" (   )
　　　"너는 이순신 장군처럼 용감해!" (   )

●
긍정
어떤 생각이나 사실 따위를 그러하거나 옳다고 인정함.

●
긍정말
아이의 행동과 말에 대해 인정하는 아빠의 말.

긍정적이고 밝은 아이로 키우자

chapter 02

"긍정말"

끊임없는 긍정적 사고는
한 개인의 능력을 확대시킨다.
콜린 파월

긍정말

엄마는 기준을
아빠는 인정을

아이는 아빠와 엄마 중 누구의 말에 더 귀를 기울일까요? 당연히 엄마입니다. 집안의 가장은 아빠이지만 많은 시간을 함께 보내는 게 엄마이기 때문이죠. 가정에서 아빠의 발언권은 3순위입니다. 아내 이기는 남편 없고, 자식 이기는 부모 없으니까요. 애완견한테도 밀린다는 우스갯소리도 있습니다.

아이는 엄마의 말이 곧 기준이 됩니다. 어떻게 공부해야 하며, 어떤 친구를 사귀어야 하는지, 외출할 때는 무슨 옷을 입고 나가야 하는지 등 아이의 모든 일상은 엄마의 기준에 의해 통제됩니다. 아빠가 끼어들 틈이 없죠. 아빠는 가끔 분리수거를 하거나, 음식물 쓰레기를 버려주고, 집에 바퀴벌레 나왔을 때 모처럼 '센 척'하며 잡아주면 아빠 역할, 아니 남자 역할 다한 겁니다. 참 슬프죠.

물론 아빠도 아이에게 '공헌'하고 싶습니다. 속된 말로 아이에게 멋진 '한 건'을 하고 싶어요. 그래서 가끔 아내 편을 들기도 합니다. 아내가 아이를 혼낼 때 같이 혼내는 척이라도 하는 거죠. 그러나 슬프게도 "괜히 참견하지 말고 음식물 쓰레기나 버리고 와줘요!"라는 아내의 말, 혹은 원망 어린 아이의 눈초리만 돌아옵니다.

그렇다면 도대체 아빠는 무슨 존재인가요? 꿔다 놓은 보릿자루인가요? 일상의 기준을 정해주는 것은 아이와 늘 지지고 볶는 엄마의 몫이라고 칩시다. 그럼 아빠는 아이와 무엇으로 소통해야 할까요? 바로 '인정'입니다. 아빠의 기본적인 커뮤니케이션은 '인정'이 녹아든 말이며, 그것이 바로 '긍정말'입니다.

好(좋을 호)의 반대말은 惡(악할 악)이다

아이의 슬픔을 부모가 함께 나누는 것은 당연합니다. 그러나 이보다 더 중요한 게 있어요. 아이의 기쁜 일에 대해 촉각을 세우고, 다소 '오버'스럽게라도 기뻐해주는 것입니다. 그게 뭐가 그리 어렵냐고요?

사람은 타인의 슬픔에는 연민의 감정을 느끼고 적극적으로 보살

피려는 속성이 있는 반면, 타인의 기쁨에 관해서는 진심으로 기뻐하는 것에 서툰 경우가 많습니다. 자신의 아이에 관해서도 마찬가지죠. 아이 역시 타인이니까요.

엄마에게 아이의 기쁨은 곧 자신의 기쁨입니다. 그런데 과연 아이와 뜨문뜨문 대화하는 아빠도 그럴까요? 아빠는 감정이입의 기회가 적다 보니 아이에게 기쁜 일이 있어도 '그런가 보다' 하고 그냥 넘어가는 경우가 비일비재합니다.

'좋다'는 뜻의 '호(好)'라는 한자가 있습니다. 이 한자의 반대말은 무엇일까요? 불호(不好)인가요? 아닙니다. '나쁘다'는 뜻의 '악(惡)'입니다. 아이들은 내 편이 아니면 '모두 나쁜 거'라고 생각합니다. 그래서 아빠가 자신의 기쁜 일을 듣고도 '미지근한' 반응을 보인다면 아빠를 '나쁜 아빠'라고 인식하게 되죠. 우리 아빠들은 아이의 기쁜 일에 기쁘고 또 기쁘다는 긍정의 힘을 가득담은 '긍정말'을 해줘야 합니다.

아이가 듣고 싶은 '긍정말'

아이들은 각자 독특한 개성을 지닙니다. 이 책을 쓰고 있는 저의 아이와 이 책을 보고 있는 여러분의 아이가 다른 것처럼 말입니다. 겁이 많은 아이가 있으면, 대책 없이 용감한 아이도 있습니다. 공부에 소질 있는 아이가 있는가 하면, 운동에 흥미 있는 아이도 있어요. 그렇기에 아이를 부모의 기준에 일방적으로 맞춰 키우기는 쉽지 않습니다.

그런데 이렇게 다양성을 지닌 아이들에게 통용되는 '아빠말'이 있다면 한번 해보고 싶지 않은가요? 그게 바로 '긍정말'입니다.

예전에 첫째 아들에게 이런 질문을 했습니다.

긍정말

아빠 너는 학교에서 친구들에게 어떤 말을 들으면 기분이 좋니?
아이 음……. "친해지자", "친절하다", "잘했어!"

자, 중요합니다. 기억해두자고요. "친해지자! 친절하다! 잘했다!" 아이들이 듣고 싶은 말은 예상외로 매우 단순합니다. 그저 긍정적인 말을 듣고 싶을 뿐이죠.

아이는 아직 약합니다. 부족한 것도 많고요. 아이의 부족한 점을 채워주기 위해 아빠가 할 일은 의외로 단순합니다. 긍정적인 시선으로 아이를 바라보고, 긍정적인 말을 해주면 됩니다.

아빠들은 아이 키우는 즐거움을 잘 모릅니다. 솔직히 좀 억울합니다. 아이를 키우는 시간은 그야말로 잠깐이죠. 기껏해야 5년에서 10년 내외입니다. '아이는 저절로 큰다'는 말도 있긴 합니다. 그렇다고 그저 지켜보기만 하면 되는 걸까요?

사실 저도 예전에는 이렇게 생각했습니다. '엄마가 있는데 아빠까지 나서서 아이를 키워야 해?' 그러나 지금은 아닙니다. 무섭게 자라는 아이들을 보고 겁이 났거든요. '과연 아이들에게 나는 어떤 아빠로 기억되는 걸까?' 그래서 많은 고민을 했고, 정답을 내렸습니다. '긍정적인 아빠'로 영원히 기억되고 싶다고요. 그래서 필요한 게 바로 '긍정말'이었습니다.

행복하게 보낸 유년기는 성인이 되었을 때 고통을 이겨내는 힘이 된다고 합니다. 우리 아이들의 행복은 아빠의 '긍정말'이 만들어줄 것이고, '긍정말'을 통해 아이는 행복한 미래를 만들 수 있을 겁니다. 이제 우리 아빠들도 이런 말에 익숙해집시다.

"야! 정말 멋진 생각이야!"
"이야! 그거 괜찮은 아이디어인데!"

어떤가요? 할 수 있나요? 이 책을 읽는 아빠들, 지금 당장 아들딸에게 가서 아빠에게 어떤 말을 듣고 싶은지 물어보길 바랍니다. 현재 당신이 아빠라는 지위에서 아들딸과 어떤 관계를 맺고 있는지 '한 방'에 알 수 있답니다. 어디 그뿐인가요? 앞으로 아이들과 어떻게 말해야 하는지에 대해서도 알 수 있을 겁니다.

긍정말

아이에게 먼저 제안하자

아이가 받아쓰기 시험에서 100점을 받았습니다. 엄마는 싱글벙글, 아이도 들썩들썩! 이럴 때 우리 아빠들은 어떻게 반응을 하나요? 주로 이런 식이죠.

아이 아빠, 나 받아쓰기 100점 맞았어요.
아빠 응, 잘했네.
아이 아빠, 나 받아쓰기 100점 맞았어요.
아빠 응? 잘했어.
아이 …….
아빠 왜 그러니?
아이 받아쓰기 100점 맞았다니까요?
아빠 그런데 왜 그러냐고?

이때를 놓치는 아이들이 아닙니다. 성별에 따라 내용 차이는 있겠지만 결국 목적은 같죠.

남자아이 아빠, 고무 딱지 사주세요.
여자아이 아빠, 인형 사주세요.

이런 부탁은 매일매일 들어도 질리지 않습니다(받아쓰기 100점에 일희일비하는 40대 중년 남자라니, 우습죠?). 이럴 때 우리 아빠들은 어떻게 해야 할까요? 제가 하나 제안합니다. 만약 아이에게 상을 줄 거라면 아이가 아빠에게 무언가를 요구하기 전에 먼저 '선택권'을 주는 겁니다.

아이 아빠, 나 받아쓰기 100점 맞았어요!
아빠 정말? 어떻게 100점을 맞은 거야? 열심히 공부했네!
아이 잘했죠?
아빠 그럼!
아이 (미소)
아빠 자, 상을 줘야겠네. 아이스크림을 사줄까? 고무 딱지를 사줄까?

이렇듯 아이에게 상을 줄 때 아이가 아빠에게 먼저 무언가를 요구하게 하지 마세요. 우선 아이를 칭찬해주고, 아빠가 먼저 아이에게 선택의 항목을 제안하세요. '긍정말'은 그래야 합니다. 아이가 아빠에게 무언가를 요구하는 걸 당연시하지 않도록 합시다.

아이가 먼저 아빠에게 무언가를 요구한 순간부터 2가지 문제가 생깁니다. 첫 번째는 아이가 아빠에게 미안하다는 마음을 가지게 되고, 두 번째는 아빠가 미처 생각하지 못한 고가의 장난감이나 아이가 먹기에 적합하지 않은 불량식품 등을 요구하게 됩니다. 그렇기 때문

긍정말

에 아빠의 기준에서 줄 수 있는 것을 먼저 제안하도록 합시다.

긍정의 질문이
긍정의 생각을 만든다

질문도 마찬가지입니다. '긍정말'로 아이에게 질문해야 합니다. 예를 들어 볼게요. 우리 아빠들, 아이의 학교생활에 관심 있는 척한다고 이렇게 질문하곤 합니다.

"학교에서 누가 괴롭히지는 않니?"
"짜증 나는 일이 자주 있지 않니?"
"선생님이 무섭지?"
"아이들이 잘 안 놀아주는 건 아니지?"
"학교에 자꾸 늦잖아. 매일 늦게 일어나서 되겠니?"

이렇게 부정적인 질문으로 아이와 대화를 시작하지 마세요. 위의 말을 다음과 같이 바꿔봅시다.

"학교에서 너를 도와주는 친구들이 많니?"
"어제 제일 재밌던 일을 아빠에게 말해주렴."
"선생님이 잘해주시지?"

"아이들과 친하게 지내고 있지?"
"네가 좋아하는 박지성 선수는 어릴 때부터 부지런했대. 너도 일찍 일어날 수 있겠지?"

문제가 되는 행동과 상황에 집중해서 부정적으로 질문하면 아이는 대답을 하기도 전에 부정적인 생각을 할 것입니다. 따라서 아이가 긍정적인 생각을 할 수 있게 도와주고 싶고, 아이의 밝은 모습을 보고 싶다면 긍정적인 부분을 부각해 질문하는 것, '긍정말'을 해야 합니다.

설득하는 아이로 키워라

아이가 장난감을 사달라고 조릅니다. 항상 있는 일이지만 귀찮고 피곤하죠. 때로는 돈이 아까운 생각도 듭니다. 이 장난감 하나 안 사주면 설렁탕 대신 도가니탕을 먹을 수 있고, 라면 대신 냉면을 먹을 수 있으니까요. 어차피 몇 번 가지고 놀다가 질릴 텐데, 왜 비싼 돈을 내며 사줘야 하는지 모르겠습니다.

그러나 이렇게 생각하던 저는 이제 생각을 바꿨습니다. 아이가 자신의 요구를 들어달라고 당당히 아빠를 설득하도록 '훈련'을 시키는 겁니다. 마음 같아서는 말도 안 되는 아이의 요구를 모른 척하고 싶지만, 결국 제 아이니까요. 아이가 세상에 나갔을 때 사람들과 타협하고 그들을 설득할 수 있게 어릴 적부터 협상력, 설득력을 키워줘야 합니다. 이때 아빠는 '긍정말'로 아이의 협상력, 설득력을 키울 수 있습니다.

아이의 협상력, 설득력을 키우기 위한 '긍정말'을 할 때는 절대 아이의 말에 함부로 부정하지 않아야 한다는 사실을 꼭 기억하세요.

아빠의 따뜻한 말이
아이에게 자신감을 심어준다

아이의 말이 무엇이든 함부로 부정하지 않아야 합니다. 그렇다고 '부정하지 않는다'는 말이 무조건 아이의 요구를 들어준다는 말은 아닙니다. 아이의 말에 '단답형으로' 부정하지 않겠다는 겁니다. 아이의 마음에 상처를 주고 아이가 말하려는 의지를 꺾는 아빠의 말이 있습니다. 다음과 같은 말들이죠.

"안 돼!"
"그걸 말이라고 하니?"
"왜 그렇게 해야 하는데?"
"뭐라고?"
"바빠."
"피곤해."

"엄마에게 물어봐."

"나중에."

"내가 그걸 어떻게 아니?"

한 번 두 번 이런 말이 반복되면 아이와 아빠의 관계는 멀어져 갑니다. 아빠의 이런 '단답형 부정어'에 익숙해진 아이는 학교나 사회에서도 '예견되는 부정'에 상처받지 않기 위해 대화를 시도하지 않으려고 하고요. 아빠조차 자신의 말을 들어주지 않는 상황에 익숙해진 아이, 도대체 그 누구와 대화하려고 할까요? 아빠에게 '긍정말'을 들어본 아이가 다른 사람과도 '긍정말'로 대화할 수 있지 않을까요? 아빠의 따뜻한 '긍정말' 한마디가 우리 아이에게 자신감을 심어줄 겁니다.

고기를 잡아주지 말고
고기 잡는 법을 가르쳐라

아이가 당당히 아빠를 설득하도록 도와주고 싶으면 아이가 무엇을 요구할 때 절대 그냥 들어주지 마세요. 아이가 아빠를 설득할 기회를 줘야 합니다. 시간이 걸려도 아이와 '밀고 당기기'는 반드시 필요합니다. 그리 긴 시간도 아닙니다. 딱 5분이면 돼요. 아빠는 학원에서는 가르쳐주지 않는 삶의 지혜를 가르쳐주는 겁니다.

예전에 첫째 아이와 이런 말다툼했던 기억이 납니다.

아이 아빠! 장난감 사주세요.
아빠 안 돼!
아이 으앙!
아빠 알았어, 알았어. 사줄 테니까 울지 마.

아이의 울음을 이길 아빠가 세상에 몇 명이나 있을까요? 아이가 울면 아빠는 사주든지, 아니면 혼내든지 둘 중의 하나입니다. 이렇게 자란 아이가 나중에 어떻게 사람들을 설득할 수 있겠습니까?
다른 예시를 들어볼게요.

아이 아빠! 장난감 사주세요.
아빠 너 숙제는 다 했니?
아이 아니요.
아빠 안 돼!
아이 …….

아빠는 나름대로 합리적인(물론 순전히 아빠 입장에 불과합니다) 이유를 댔다고 생각할 겁니다. 그러나 아이는 입을 꾹 다물죠. 그러면 아빠는 아이가 순종적인 '착한 아이'가 됐다고 생각할지도 모릅니다.

긍정말

하지만 그건 아빠의 착각입니다. 아이는 점점 아빠와 거리를 두고 있는 거예요.

그럼 이럴 때는 어떻게 해야 할까요? 도대체 어떤 '긍정말'을 해야 아이와 올바른 소통을 할 수 있을까요? 정답을 보시죠.

아이 아빠! 장난감 사주세요.

아빠 장난감이 왜 가지고 싶니?

아이 친구 윤수가 가지고 있는데 정말 멋지거든요!

아빠 그 장난감이 정말 멋있는 모양이구나! 그게 왜 네게 필요한지 생각해볼까?

아이 그냥 멋지잖아요…….

아빠 장난감이 정말 가지고 싶다면 왜 필요한지, 그걸 갖게 되면 어떻게 할 건지 말해보렴.

아이 음, 알았어요. 제가 생각해보고 말씀드릴게요.

이렇게 하면 됩니다. 저는 절대 부정적인 말은 하지 않았습니다. 그렇다고 그냥 사주지도 않았어요. 그 대신에 아이의 말에 일단 긍정하고, 아이가 원하는 것이 왜 필요한지 생각해보도록 했습니다.

이렇듯 아이는 아빠와 협상할 수 있어야 합니다. 무조건 퍼준다고 사랑이 아니에요. 이런 말 많이 들어보셨죠?

"아이에게 고기를 잡아주지 말고 고기 잡는 법을 가르쳐라!"

아빠가 사주는 것을 수동적으로 받기만 하는 아이로 키우지 말자고요.

그렇다면 장난감이 가지고 싶었던 아이가 나중에 제게 제안한 말은 무엇이었을까요?

"만약 이번에 장난감을 사주시면 다음 달 제 생일에는 사달라고 하지 않을게요."

저는 아이가 이 정도만 생각한 것도 성공이라 생각합니다. 결국 아이는 장난감을 얻었습니다. 어쨌거나 그 나이 또래 아이가 할 수 있는 적당한 이유를 말했고 저는 설득을 당했으니까요.

긍정말

아빠는
설득 훈련 아카데미

설득하는 방법을 모르는 아이가 아빠와 무슨 대화를 나눌 수 있을까요? 안 봐도 뻔합니다.

아이(중2)   아빠, 돈 줘.

아빠   왜 또 돈이 필요한 거냐?

아이(중2)   학교에서 필요한 거야. 아빠, 나 지금 학교 가야 해. 빨리 줘.

아빠   왜 필요한지 말해줘야지.

아이(중2)   됐어. 몰라! 아이, 짜증 나.

아빠   …….

이렇듯 누군가를 설득해보지 않은 아이, 설득해서 원하는 것을 얻지 못한 아이는 사회에 나가서도 마찬가지일 겁니다. 매일 보는 아빠도 설득하지 못하면서 어느 누구를 설득할 수 있을까요? 그렇다고 그때 가서 '설득 훈련 아카데미'와 같은 학원에 보내면 될까요? 이렇게 쓸데없는 곳에 '돈 낭비' 하지 말고 미리 아이의 설득 능력을 키워줍시다. 아빠가 '설득 훈련 아카데미'가 되는 겁니다.

아이의 설득 능력을 키우기 위해서도 조기 교육이 필요합니다. 그것을 가르쳐주는 역할을 바로 우리 아빠들이 해야 하죠. 아빠는 아이가 설득해야 할 대상입니다.

초등학생 아이들은 친구가 무슨 말만 해도 "우리 엄마가 그렇게 하지 말래!"라고 하면서 기준을 엄마에 두지만, 중학교에 입학하면 엄마로부터 벗어나 친구들이 생각의 기준이 됩니다. 엄마의 역할은 서서히 희미해지고 친구들끼리 똘똘 뭉쳐서, 결국 북한도 무서워한다는 '중2'가 되어버리는 거죠. 그러기 전에 우리 아빠들이 미리 아이를 설득의 달인으로 키워봅시다.

아이를 설득의 달인으로 키우기 위해서 때로는 적당한 때에 설득을 당해주는 것이 필요합니다. 긍정의 기운을 가득 담아 아이와 대화를 하며 아이가 나름대로 적절한 이유를 대거나 약속을 지키면 아이에게 설득을 당해주세요.

다음은 연습 문제입니다. 2가지 사례 중에서 당신은 어느 것을 선택하겠습니까?

긍정말

(1)

아이   아빠, 만화영화 보여주세요.

아빠   안 돼.

아이   아빠 미워!

아빠   말하는 것 좀 봐라!

(2)

아이   아빠, 만화영화 보여주세요.

아빠   좋아. 그런데 받아쓰기 숙제하고 만화영화 보기로 아빠랑 약속 하지 않았니?

아이   만화영화 먼저 보고 나서 숙제할게요.

아빠   약속이 틀린걸? 숙제부터 하는 멋진 모습 보여줘.
    아빠도 TV 보여주는 약속을 지키고 싶거든!

    제 이야기입니다. 제가 (2)처럼 말하자 아이는 아무 말 없이 방으로 들어가서 숙제를 하더니 저에게 TV를 보여 달라고 했습니다. 저는 당연히 약속을 지켰지요.

    아빠의 역할에서 가장 중요한 것 중 하나가 바로 '아이의 설득 능력을 키워주는 것'이라는 사실을 잊지 맙시다. 아빠와 협상할 줄 아는 아이, 자신의 의견을 당당하게 말하는 아이야말로 우리가 그토록 원하는 아이가 아닐까요?

아이는 자신이 의도한 바를 말하고 그것을 얻어냈습니다. 저는 그것만으로도 만족합니다. 목표를 이루기 위해서는 수많은 어려움이 있음을 아이가 알았으면 합니다. 하지만 아이가 지쳐서 쓰러지기보다는 한 계단씩 오르는 성취의 기쁨을 느끼게 하고 싶습니다. 아이의 생각을 일방적으로 평가하는 아빠가 아닌, 아이에게 성공 경험을 선물하는 아빠가 되고 싶었습니다. 그것을 위해 필요한 것이 '긍정말'이었습니다.

긍정말

'긍정말' Quiz 학교 다닐 때 가장 싫어했던, 그러나 아빠이기에 꼭 해야 하는 복습

1. 아이가 학교에서 친구들에게 듣고 싶은 말을 아는가? 괄호 안에 하나만 적어보자. (주관식)

   (   )

2. 다음의 대화 중 '긍정말'로 적절한 것은 '가'와 '나' 중 어느 것일까? (   )

   가. **아이** 아빠, 나 받아쓰기 100점 맞았어요.
   아빠 응? 잘했어.
   아이 …….
   아빠 왜 그러니?
   아이 받아쓰기 100점 맞았다니까요?
   아빠 그런데 왜 그러냐고?

   나. **아이** 아빠, 나 받아쓰기 100점 맞았어요!
   아빠 정말? 어떻게 100점을 맞은 거야? 열심히 공부했네!
   아이 잘했죠?
   아빠 그럼!
   아이 (미소)
   아빠 자, 상을 줘야겠네. 아이스크림을 사줄까? 고무 딱지를 사줄까?

3. 다음 중 '긍정말'의 관점에서 봤을 때 제대로 된 질문에는 ○, 아닌 것에는 ×를 하라.

"학교에서 누가 괴롭히지는 않니?" (   )
"어제 제일 재밌던 일을 아빠에게 말해주렴." (   )
"선생님이 무섭지?" (   )
"아이들이 잘 안 놀아주는 건 아니지?" (   )
"학교에 자꾸 늦잖아. 매일 늦게 일어나서 되겠니?" (   )
"학교에서 너를 도와주는 친구들이 많니?" (   )
"짜증 나는 일이 자주 있지 않니?" (   )
"선생님이 잘해주시지?" (   )
"내가 그걸 어떻게 아니?" (   )
"아이들과 친하게 지내고 있지?" (   )
"피곤해." (   )
"안 돼!" (   )
"그걸 말이라고 하니?" (   )
"왜 그렇게 해야 하는데?" (   )
"뭐라고?" (   )
"바빠." (   )
"네가 좋아하는 박지성 선수는 어릴 때부터 부지런했대. 너도 일찍 일어날 수 있지?" (   )
"엄마에게 물어봐." (   )
"나중에." (   )

긍정말

4. 다음의 2가지 사례 중 당신이 해야 할 '긍정말'은 어느 것인가? ( )

가. **아이** 아빠, 만화영화 보여주세요.
　　아빠 좋아. 그런데 받아쓰기 숙제하고 만화영화 보기로 아빠랑 약속하지 않았니?
　　아이 만화영화 먼저 보고 나서 숙제할게요.
　　아빠 약속이 틀린걸? 숙제부터 하는 멋진 모습 보여줘.
　　　　　아빠도 TV 보여주는 약속을 지키고 싶거든!

나. **아이** 아빠, 만화영화 보여주세요.
　　아빠 안 돼.
　　아이 아빠 미워!
　　아빠 말하는 것 좀 봐라!

•
과정
일이 되어 가는 경로.

•
과정말
결과가 아닌 결과에 이르는 과정에 초점을 두어 격려하는 아빠의 말.

선택하는 힘을 길러주자

chapter 03

"과정말"

신은 우리에게 성공할 것을
요구하지 않는다.
오직 노력할 것을 요구할 뿐이다.
마더 테레사

과정말

지도보다 필요한 것은 나침반

생텍쥐페리의 《어린 왕자》에는 이런 문장이 있습니다.

"나는 지도를 보면서 하룻밤을 꼬박 새웠다. 하지만 다 소용없는 일이었다. 내가 어디에 있는지 알 수 없었으므로."

이 문장을 보면서 우리의 인생도 마찬가지라고 생각했습니다. 인생은 산(山)이 아닙니다. 사막이죠. 과연 누가 감히 인생에 분명한 목표가 있다고 확언할 수 있을까요? 인생은 산을 오르는 것처럼 목표를 세우고, 그것을 향해 나아가는 것이 아니라는 걸 우리는 압니다. 우리가 방황하는 이유는 목적지에 이르는 방법을 몰라서가 아닙니다. 자신이 진정으로 원하는 것이 무엇인지, 지금 서 있는 곳이 어딘지 확신하지 못하는 데에서 모든 문제가 시작됩니다.

이렇듯 인생은 산을 오르는 것보다 사막을 건너는 것과 더 닮았으니 '인생의 사막'을 건널 때에는 산을 오를 때와는 다른 계획과 방법이 필요합니다.

저는 이제 겨우 40살을 넘긴, 아직은 인생을 논하기에 적은 나이입니다. 그럼에도 건방진 소리를 해보자면, 살다 보니 인생은 목표대로 되지 않은 때가 훨씬 많았습니다. 길도 잃어봤고, 일부러 길을 이탈하기도 했으며, 한계에 부딪혀 꼼짝달싹 못 하게 된 경우도 있었습니다. 게다가 '대박'이라는 신기루에 눈이 멀어 쫓아가다 '쪽박'을 차기도 했죠.

그래서 내린 결론이 무엇이었을까요? 인생은 제 마음처럼 그렇게 쉽게 흘러가지 않는다는 거였습니다. 그렇기 때문에 인생을 보내는 '과정'이 매우 중요합니다. 결과가 아무리 좋아도 과정에서 상처를 입으면 성취된 결과도 희석되기 마련이니까요. 하지만 우리는 여전히 결과 위주로 생각하고 있으며, 또 그것을 아이에게 강요합니다. '결과'만을 중요시하는 생각, 이게 과연 옳은 걸까요?

인생의 사막을
건너는 방법

아이가 스스로 선택을 하기 전에 부모는 참견부터 합니다. 아이를 위한 '선(善)한 참견'이 아니라 대부분 아이가 생각할 싹을 자르는 '나쁜 참견'이죠. 호기심 가득한 아이의 질문 공세에서 벗어나려고 애쓰는 부모가 얼마나 많은가요? 저 역시 마찬가지였습니다.

"아빠 지금 바빠."
"그건 알아서 뭐하게?"
"일단 숙제부터 해라."
"별것이 다 궁금하네."

이렇게 말하면 아이는 더 이상 아빠에게 질문하기를 원하지 않으며, 좀 더 시간이 지나면 아예 부모가 말해주는 대로 행동하는 데 익숙해집니다. 혼자 결정하고 행동하는 것과 거리가 멀어지게 되죠.
우리 아빠들은 누구보다 자신의 자녀를 잘 안다고 착각합니다. 그래서 아이에게 이런저런 지시를 내리고, 그것이 아이를 위한 사랑이라고 생각합니다. 하지만 이상하게도 아이들은 우리의 헌신(!)을 몰라주고, 조금 더 자라면 아예 '거부'까지 합니다. 도대체 왜 이러는 걸까요? 그것은 제대로 된 대화의 부재 때문이 아니었을까요?

지시와 명령을 아이를 위한 대화라고 착각한 것은 아니었을까요? 우리는 정말 아이의 마음을 아는 걸까요? 내 마음대로 말을 하고선 그게 마치 정답이니 아이는 따라와야 한다고 생각했던 것은 아니었을까요? 아이에게 우리 아빠들은 일종의 내비게이션이 되어버린 것은 아닐까요?

다음은 미국 올드도미니언대학교(Old Dominion University) 이진순 교수가 친구 아이들과 함께 가족 여행을 갔다 와서 쓴 글입니다.

"엄마들끼리만 들떠서 행선지를 잡고 일정을 짰지, 정작 아이들한테는 4박 5일 동안 무엇을 어떻게 하고 싶은지 물어보지 않았다. 다음 행선지는 ○○식당, 그다음은 ○○박물관, 우리는 내비게이터처럼 애들에게 단거리 정착지만 얘기해줬을 뿐, 처음부터 아이들과 큰 지도를 펼쳐놓고 '함께 여행'을 계획한 것이 아니었다. 아이들의 반복된 질문은 자신을 짐짝처럼 싣고 가는 엄마들에 대한 항의의 표현이었다는 것도 그때야 깨달았다. 그 뒤로 가끔 '나는 내비게이터 엄마가 아닌가?' 자문해볼 때가 있다. 나는 언제까지 아이한테 '지금 우회전해라, 직진해라' 방향지시를 할 것인가. 아무것도 그려지지 않은 지도를 주는 편이 아이에게 좋은 엄마가 되는 길이 아닐까? 아니 차라리 아이 스스로 완성해 나갈 미완성의 지도가 좋겠다."

(《한겨레신문》, 2013년 2월 22일 자)

과정말

　이진순 교수는 이런 다짐을 했다고 합니다. '아이의 내비게이션이 되지 말자. 지형지물이 그려진 지도도 주지 말자. 아이가 <u>스스로 완성할 수 있도록 미완성의 지도 정보만 주자.</u>' 하지만 그러면서도 '아이가 막다른 길로 가면 어쩌지? 그래도 동서남북 정도는 알려줘야 하지 않나?' 하며 전전긍긍했음을 고백했습니다. 이는 세상 모든 부모의 공통된 특성이 아닐까 합니다. 이분 말처럼 부모들은 '부모에게 내장된 내비게이션 본능'에 시달립니다.

　인생은 끊임없이 변하는 사막입니다. 인생의 사막을 건너는 아이에게 언제까지 지도를 줄 건가요? 사막의 지형은 시시각각으로 바뀝니다. 이런 환경에서 지형지물이 그려진 지도가 과연 의미가 있을까요? 이렇듯 지형지물이 시시때때로 변하는 사막에 있다면 지도보다 필요한 것이 바로 나침반입니다. '내가 어떤 생각과 가치관을 가지고 인생을 살아야 하는가?' 이런 생각과 마음이 곧 나침반이라고 할 수 있습니다. 무엇이 되려는 게 아니라, 어떻게 살아야겠다는 생각을 아이가 하고 있다면 인생에서 마주하는 고비도 현명하게 대처할 수 있으리라 생각합니다.

　아이가 '무엇이 되기'를 원하는 부모가 많습니다. 초등학교 자녀를 둔 학부모들이 모이면 어느 학원이 좋고, 무엇을 배워야 하며, 무슨 특강이 괜찮다는 말을 많이 한다고 합니다. 그리고는 집에 와서 자신의 아이와 이런 이야기를 나누겠죠.

부모 아들, 이제부터 수학 학원에 다니자.

아이 지금 영어 학원도 다니고 피아노 학원도 다니잖아요.

부모 옆집 경철이도 수학 학원에 다니고 1등을 했단다. 내일부터 너도 다녀보자.

아이 …….

그것을 '대박 정보'라고 믿고 아이에게 이것저것을 강요합니다. 그래서 아이가 무언가 성과를 내면(그래서 말인데, 각종 어린이 대회는 왜 그렇게 많을까요?) 자신의 판단이 옳았다고 생각하죠. 물론 이런 노력이 모두 아이가 좋은(?) 대학, 혹은 좋은(?) 직장에 가기 바라는 마음에서 비롯된 것이니 무작정 비난할 수만은 없습니다.

물론 부모의 이런 행동이 나쁘다는 게 아닙니다. 아이를 방치하는 부모도 있다고 하던데, 그런 것보다 100만 배 낫습니다. 다만 '부모 내비게이션'만 보고 운전하는 아이가 과연 바람직할 것인가에 관해서는 생각해볼 필요가 있다는 겁니다. 대학에 나와서 좋은 직업을 가지면 모든 게 끝일까요? 갑작스레 길이 비포장도로로 변하기도 하고, 느닷없이 끼어드는 차도 있는 험난한 인생을 우리 아이들은 잘 대비하고 있는 걸까요?

아이에게 부모가 정한 목표를 이루도록 강요하면 아이는 자신이 엄마와 아빠의 꿈을 이루기 위한 도구에 불과하다고 생각할지도 모릅니다. 있는 그대로의 자신을 봐주지 않는 엄마와 아빠의 모습에

과정말

외로움을 느낄지도 모르고요. 그리고 결국 더 이상 부모와 대화를 하지 않을 수도 있습니다. 참으로 무서운 일입니다.

그래서 아빠의 역할이 무엇보다도 중요합니다. 아빠는 아이의 생각을 읽을 수 있어야 합니다. 아이의 생각을 파악하려면 질문하는 것만큼 좋은 것은 없습니다. 아이가 어린이집이나 유치원 등 처음으로 사회를 경험하는 시기라면 친구, 장난감, 음식 등 구체적인 대상에 관해 질문을 해보세요. 초등학교에 들어갔다면 우정, 예절, 시간 약속, 용기, 노력, 꿈 등 조금은 추상적인 것에 대한 질문을 해도 좋습니다.

아무것도 질문하지 않고 아빠가 아이의 마음을 안다고 생각하는 것은 오만입니다. 아이를 정말 사랑한다면 일단 질문하세요. 묻고 답하는 과정에서 아이는 생각하는 힘이 생기고, 사막과 같은 인생의 첫걸음을 어떻게 시작해야 할지 고민할 수 있게 될 겁니다. 이제 인생은 '지형지물이 수시로 변하는 사막'이요, 그 누구의 강요가 아닌 자신이 선택하여 건너야 하는 과정이라는 것을 아이에게 말하십시오. 질문을 통해 아이가 선택하는 힘을 기를 수 있게 아빠의 '과정말'이 도와줄 겁니다.

세상에는 정답이 없다

아빠는 아이에게 어떻게 '과정말'을 해야 할까요? 목표에 이르는 구체적인 방법을 알려주지 말라고 하면서 밑도 끝도 없이 '과정말'을 하라니, 솔직히 난감할 겁니다. 그렇다면 '과정말'이란 무엇일지 몇 가지 사례를 통해 알아보도록 하겠습니다.

'과정말'은 '선택의 힘'을 느끼게 하는 겁니다. 아이가 선택하고, 그 선택에 대한 책임도 아이가 지게 하는 것이죠.

엄마   영어 숙제 끝내고 어서 수학 시험 준비해야지.
아이   …….

과정말

　아이의 일상을 속속들이 알고 있는 엄마(혹은 아빠)라면 이렇게 말할 겁니다. 하지만 결과보다 과정을 중요하게 생각하는 아빠라면 선택의 힘을 기르게 하는 '과정말'을 해야 합니다.

아빠　영어 숙제도 있고, 수학 시험 준비도 해야 한다면서?
아이　네, 그래서 너무 힘들어요.
아빠　이렇게 하는 건 어떨까? 둘 중 하나를 먼저 하고, 아빠랑 놀다가 남은 걸 하는 거야.
아이　좋아요. 그럼 무엇을 먼저 하면 될까요?
아빠　네가 자신 있는 걸 먼저 하고, 나중에 어려운 걸 하면 훨씬 수월하지 않을까?
아이　그럼 수학 시험 준비부터 할게요.

　이렇게 아이가 선택할 수 있게 돕는 말이 바로 '과정말'입니다. 선택은 어렵습니다. 그렇다고 아빠가 대신 선택하면 될까요? 아닙니다. 아이에게 선택하는 연습을 시켜야 합니다.
　우리 아빠들, 한번 생각해보죠. 세상에는 정답이 없지 않았던가요? 정답이 있다고 가르치고 강요하는 교육이야말로 정말 문제라는 생각이 들지 않나요? 공교육까지 그러한데 가정교육마저 이런 현상을 따라간다면 과연 아이들의 의사 결정 능력이 향상될 수 있을까요?

분명한 목표가 있다고 해도 그것에 이르는 길은 사막과 같아서 별별 일이 일어나기 마련입니다. '과정말'을 통해 아이 스스로 자신에게 주어진 상황에 관해 선택하고 책임지면서 삶의 시행착오를 느끼게 해야 합니다. 아이가 스스로 선택을 해보면 자신이 부족한 점이 무엇인지 알 수 있고, 자신의 능력의 한계가 어느 정도인지도 알 수 있습니다. 그 한계를 좁혀갈 수 있도록 아이가 스스로 선택하게 기다려주세요. 그러면서 아이는 목표에 이르는 과정을 음미하게 됩니다.

아빠는 나침반이 되어야 한다

그럼 지금부터 아빠가 할 수 있는 '과정말'에 관해 조금 더 구체적으로 들어가 볼게요. 다음은 아이와 제가 과거에 나누었던 대화입니다.

아빠   요즘 수학 공부하는 거 어때?
아이   어려워요. 엄마가 그러는데, 경철이도 수학 학원에 다닌다고 저도 다니래요.
아빠   수학 공부가 중요하긴 중요하지. 네가 원하는 과학자가 되려면 수학 공부를 해야 하거든.

아이   저는 로봇 만드는 과학자가 되고 싶은데, 왜 수학 공부를 해야 하죠?

아빠   로봇을 움직이게 하기 위해서는 수학이 필요하거든.

아이   네? 정말요?

아빠   로봇은 숫자로 움직이는 거 몰랐지?

참고로 저에 관해 말씀드릴 것 같으면, 저는 과학자가 아닙니다. 단지 평범한 회사원일 뿐이죠. 대학교에서는 경제학과를 나왔지만 학교 다닐 때 수학(경제수학이라는 과목이 있었죠)을 제일 싫어했습니다. 그럼에도 불구하고 로봇을 만드는 과학자가 꿈인 아이에게 위와 같은 조언은 해줄 수 있습니다.

이렇듯 아빠는 아이가 주체적으로 자신의 인생을 설계하도록 조언해주는 나침반이 되어야 합니다. '나침반 아빠'는 '과정말'을 해줄 수 있는 사람입니다. 아이가 어느 학원에 가서 몇 점의 점수를 받는가에 영향을 줄 수 있는 게 엄마의 영역이라면, 그것을 하는 과정에서 어떤 변수들이 있을 수 있는지에 대해 말해주는 건 아빠의 영역입니다. 엄마와 아빠가 시키는 대로 하는 것에 익숙한 아이가 아니라 스스로 고민하는 힘을 가진 아이로 만들고 싶지 않으신지요? 그렇다면 아이가 목표를 이루는 과정에 대해 함께 이야기할 수 있는 아빠가 되기 위해 '과정말'을 염두에 두었으면 합니다.

결과말		과정말
"방을 깨끗하게 치웠네?"	→	"방을 혼자서 치웠구나. 어떻게 이렇게 깨끗하게 치웠니?"
"넌 역시 최고야!"	→	"열심히 했구나!"
"수학 점수가 10점 올랐네!"	→	"이제 수학에 자신이 생겼나 보다!"
"반에서 1등 했어? 축하해."	→	"지난 시험보다 훨씬 좋아졌구나! 열심히 노력하더니, 잘했어."
"100점 맞았다고? 약속대로 딱지 사줘야겠네? 잘했어."	→	"어제 열심히 공부하던데? 약속대로 딱지 사줄게."

선택에 책임질 줄 아는 아이

아이들은 초등학교에만 들어가도 새로운 인간관계(예를 들어 학교 친구, 학원 친구 등)를 접하게 되면서 자신이 선택한 것에 관해 친구들에게 비난을 받을 수 있고, 선생님에게 질책을 받기도 합니다.

저는 아이가 자신의 선택에 당당했으면 좋겠습니다. '나는 왜 이런 선택을 했지?'라고 자책하기보다는 '어려운 일이 생겼네? 어떻게 이겨낼까?'라며 고통에 적절하게 대처하는 아이가 되었으면 좋겠습니다. 그래서 삶이란 수많은 어려움을 겪어내야 하는 과정임을 아이에게 말해주는 아빠가 되고 싶습니다.

물론 이런 고통에 대한 방어기제가 유년기에 완벽하게 만들어질

수는 없을 겁니다. 다만 어느 정도만이라도 아이가 어려움을 이겨 내는 데 도움을 주는 말을 하고 싶습니다.

'과정말'로 아이와 말해봅시다. 우리 아빠들까지 아이를 대신해 모든 것을 선택하려고 애쓰지 맙시다. 아이가 원하는 게 있다면 그게 무엇인지 살펴보고, 혹시 선택의 대상이 여러 개라면 아이가 선택할 수 있게 선택지를 제시하면 됩니다.

"어느 것을 하고 싶은지 네가 선택해! 그 대신 결과도 네가 책임지는 거다, 약속!"

'과정말'의 핵심은 아이에게 선택의 권한을 주고, 그 선택에 대한 결과까지 반드시 아이가 책임지게 하는 겁니다. 삶은 선택이요, 그것에 대한 책임은 각자의 몫입니다. 어렵지만 아이가 의사 결정을 하는 과정에서 철없음을 벗어던지고 당당하게 세상에 나설 수 있게 만드는 게 '과정말'의 궁극적인 효과입니다.

부모는 아이의 장래에 발생할 수 있는 모든 일을 예견하고 막아줄 수 없습니다. 그래서 아이가 선택하는 힘과 더불어 책임지는 힘을 길러줘야 합니다. 그것을 아이가 느끼게 하는 게 '과정말'의 핵심입니다.

과정말

잠옷을 입고 음식점에 간 아이

    선택하는 것은 늘 어렵습니다. 그렇다고 아빠가 아이를 대신해서 선택을 해주면 될까요? 아닙니다. 아이에게 선택하는 연습을 시켜야 합니다. 그리고 아이가 그에 대한 결과도 책임지게 해야 한다고 여러 번 강조했습니다.

    재미있는 이야기를 들려줄게요. 우리 집 셋째, 그러니까 유치원에 다니는 막내딸은 갑갑한 것을 못 참습니다. 그래서인지 옷도 헐렁헐렁하게 입기를 원하죠. 그러다 보니 잠옷 차림으로 외출을 하려는 경우가 많습니다. 이게 아이의 엄마 눈에는 못마땅한 모양입니다. 한번 외출을 하려면 모녀끼리 티격태격하는 경우가 허다합니다.

아이   잠옷 입고 나갈래요.
엄마   그거 입고 어딜 나가려고 그래?
아이   답답하단 말이에요.
엄마   잠옷은 안 돼! 이거 입어!
아이   싫어요. 답답해요.
엄마   그럼 나가지 마!
아이   으앙!

아이에게 예쁜 옷을 입히고 싶은 엄마의 목표와 편한 옷을 입고 싶은 아이의 욕구가 충돌하는 겁니다. 이럴 땐 어떻게 해결해야 할까요? 꿀밤이라도 줘야 하나요? 아니면 버릇을 고치겠다면서 외출을 금지해야 할까요? 그렇게 해서 아이를 '이기는' 것이 제대로 된 소통이라고 할 수 있을까요? 이럴 때 우리 아빠들, 옆에서 혀만 끌끌 차지 말고 '과정말'로 아이와 대화해봅시다.

아빠   잠옷 입고 나가면 부끄러울 텐데.
아이   답답해요.
아빠   그래, 그럼 그렇게 하렴.
아이   와, 신 난다!

에게! 이건 그냥 아이 마음대로 하라는 거 아닌가요? 이건 아닙니다. 우리 아빠들의 '과정말'은 여기서 한 단계를 더 가야 합니다. 아이에게 자신의 선택에 대해 반성할 수 있는 기회를 주는 겁니다.

만약 아이가 그대로 잠옷을 입고 음식점에 갔다고 합시다. 아이가 모르게 슬쩍 음식점 점원에게 부탁합니다. 그분이 아이에게 이렇게 딱 한마디만 하게 하면 돼요.

"얼굴도 예쁜데 왜 잠옷 차림으로 왔니? 아이, 부끄러워!"

그 이후에 아이가 잠옷 차림으로 외출한 적은 단 한 번도 없었습니다.

결과만으로
아이를 평가하지 마라

이제부터라도 우리 아빠들은 아이가 이루어낸 결과만 칭찬하는 것이 아니라 아이가 열심히 노력하는 과정, 그 자체에 대해 아낌없이 격려를 해줍시다. 예를 들어 시험 성적이 나오면 점수만 칭찬하기보다 공부를 하는 과정에 힘을 실어주는 아빠가 되는 거예요. 아이를 무조건 부모의 뜻대로 키우려는 것은 아이를 독립된 인격체가 아닌 소유물로 생각하는 잘못된 발상입니다.

사실 우리 아빠들은 '과정말'의 반대말인 속칭 '결과말'(과정이 아닌 결과를 중요시 생각하는 말)에 익숙합니다. 2가지 사례를 통해 '결과말'이 아닌 '과정말'로 아이와 대화하겠다고 다짐하길 바랍니다.

사례 1

오랜만에 아이의 수학 공부를 봐줬습니다. 문제를 푸는 방법을 가르쳐주고 쉬운 문제를 풀어보게 했죠. 어라? 쉬운 문제를 아이가 틀렸네요. 화가 나서 이렇게 말했습니다.

"도대체 공부할 생각이 있는 거야? 처음부터 다시 해."

이렇게 함부로 말한 저를 스스로 질책합니다.
누군가 이런 말을 했다고 하네요.
"우리의 수학 교육에서 가장 우려되는 문제점은 답이 틀린 경우, 그 틀린 과정을 일단 모두 지워버리고 정답에 이르는 길을 다시 찾으려는 점에 있다."
동의하나요? 중요한 것은 문제 풀이하는 과정에서 어느 부분이 틀렸는지 깨닫고 극복하는 힘을 키우는 일인데, 정답이 아니면 모든 과정도 틀렸다고 생각하는 것이 문제라는 겁니다. 실패를 지워버리는 교육과정으로는 실패로부터 배울 수 있는 것이 아무것도 없습니다. 여기서 하나하나의 과정을 소중히 여기는 '과정맘'의 사고방식이 요구됩니다.

다음 사례를 보시죠. 제가 고등학교에 다닐 때는 선생님이 학생들을 속된 말로 '열나게' 팼습니다. 아마 중·고등학교 시절에 대걸

과정말

레로 엉덩이 안 맞아본 아빠들이 없을 겁니다. 그런 시절의 우스갯소리입니다.

사례 2

국민윤리 시간.

선생님 23번! 일어나 봐!

학생 네.

선생님 지난 시간 배운 거 복습 좀 해보자. 공부 좀 했나?

학생 (우물쭈물) 네.

선생님 인간은 어떤 존재라고 했지?

학생 음……. 소중한 존재입니다.

선생님 이 자식이! 존엄한 존재라고 말했잖아. 시험에 나온다고, 중요하다고 말했지!

우리는 이런 시절을 겪었습니다. 이때는 이렇게 배우고도 세상을 헤쳐갈 수 있는 시대였습니다. 그러나 지금은 아닙니다. 결과보다 과정이 중요하고, 가르쳐준 것이 아니라 자신이 고민하고 생각한 게 진정한 힘이 되는 시대입니다. 이런 시대에서 아이들에게 필요한 것이 무엇일까요? '사례 1'과 '사례 2'에서 아빠와 선생님이라면 이렇게 말했어야 하지 않을까요?

사례 1 "힘들게 풀었는데 아쉽겠다. 어디에서 잘못되었는지 확인해볼까?"

사례 2 "그래. 그것도 맞는 답일 수 있겠다. 좋은 생각인걸? 선생님도 다시 생각해볼게."

아이들이 선택하고 고민한 흔적에 관해 존중해줍시다. 그러면 아이는 공부를 하고, 친구를 사귀고, 꿈을 이루는 모든 과정을 중요시 여기게 되며, 더 나아가 모든 일에 최선을 다하는 아이로 자라나게 될 것입니다.

> 과정말

꼭 숙지하세요

부모님에게 듣고 싶어하는 말
VS 부모님에게 듣기 싫어하는 말

아이는 어떤 말을 듣고 싶어하고, 어떤 말을 듣기 싫어할까요? 아이는 결과에 관해 질책하는 말을 듣기 싫어합니다. 반면, 무언가를 이루기 위해 노력한 과정에 관해 칭찬하는 말은 듣고 싶어하죠. 다음을 참고하여 우리 아이들에게 '과정말'을 해줄 수 있도록 노력합시다.

부모님에게 듣고 싶어하는 말

격려

"최선을 다했으니까 괜찮아."
"넌 할 수 있어!"
"다음에는 더 잘할 수 있을 거야!"
"아빠는 너를 믿어!"

"열심히 노력했구나. 장하다!"
"네가 최고야!"
"최선을 다한 모습이 보기 좋아."
"공부뿐만 아니라 운동도 잘하네?"

칭찬

사랑

"아빠가 사랑하는 거 알지?"
"아빠는 누구보다 널 믿어."
"사랑해. 아주 많이."

"힘내라, 힘!"
"우리 아들, 파이팅!"
"아빠는 늘 널 응원한단다."
"네 곁에서 지켜보고 있을게."

응원

부모님에게 듣기 싫어하는 말

"넌 머리는 좋으면서 왜 노력은 안 하니?"
"네가 그럼 그렇지."
"그럴 줄 알았어! 한심하다."
"왜 이것밖에 못 하니?"

무시

과정말

비교

"누굴 닮아서 이렇게 멍청해?"
"네 동생이 훨씬 낫다."
"네 친구는 공부도 잘하더라!"

"노력하면 뭐하니. 결과가 이런데."
"커서 뭐가 되려고 이래?"
"시험 점수가 이게 뭐니?"
"무조건 공부만 잘하면 된다."

결과

잔소리

"왜 이렇게 산만해?"
"방 좀 치워라!"
"그만 놀고 공부 좀 해!"
"동생하고 싸우지 마."

'과정말' Quiz

학교 다닐 때 가장 싫어했던, 그러나 아빠이기에 꼭 해야 하는 복습

1. 영어 숙제와 수학 시험 준비를 모두 해야 하는 아이가 있다고 하자. 이때 바람직한 '과정말'의 대화로 적절한 것은 무엇인가? (   )

   가. **아빠** 영어 숙제 끝내고 어서 수학 시험 준비해야지.
   아이 …….

   나. **아빠** 영어 숙제도 있고, 수학 시험 준비도 해야 한다면서?
   아이 네, 그래서 너무 힘들어요.
   아빠 이렇게 하는 건 어떨까? 둘 중 하나를 먼저 하고, 아빠랑 놀다가 남은 걸 하는 거야.
   아이 좋아요. 그럼 무엇을 먼저 하면 될까요?
   아빠 네가 자신 있는 걸 먼저 하고, 나중에 어려운 걸 하면 훨씬 수월하지 않을까?
   아이 그럼 수학 시험 준비부터 할게요.

2. 아이의 행동에 대한 결과에 초점을 두어 말하는 것을 '결과말', 과정에 초점을 둔 것을 '과정말'이라고 해보자. 다음 중 '결과말'에 해당하는 것에는 ×, '과정말'에 해당하는 것에는 ○를 하라.

   가. "방을 깨끗하게 치웠네?" (   )
   "방을 혼자서 치웠구나. 어떻게 이렇게 깨끗하게 치웠니?" (   )

   나. "열심히 했구나!" (   )
   "넌 역시 최고야!" (   )

과정말

다. "수학 점수가 10점 올랐네!" (   )
"이제 수학에 자신이 생겼나 보다!" (   )

라. "지난 시험보다 훨씬 좋아졌구나! 열심히 노력하더니, 잘했어." (   )
"반에서 1등 했어? 축하해." (   )

마. "100점 맞았다고? 약속대로 딱지 사줘야겠네? 잘했어." (   )
"어제 열심히 공부하던데? 약속대로 딱지 사줄게." (   )

침착
행동이 들뜨지 아니하고 차분함.

침착말
어떤 일에도 들뜨지 아니하고 찬찬하게 대응하는 것을
아이에게 보여주는 아빠의 말.

아이가 의지하는 든든한 아빠가 되자

chapter 04

"침착말"

아빠가 돌아가신다면 슬플 거야.
내 안에 있는 한 사람도 사라지거든.
파멜라 라이번

침착말

남자는 무엇으로 사는가

　세상이 변해서 이제 매 맞는 남자가 적지 않다고 합니다. 그것도 아내에게 매 맞는 남자. 나이가 들고 병이 들어 꼼짝없이 누워 있게 되는 신세라면 '여전히 건강한' 아내의 주먹세례를 피할 수 없겠죠.
　하지만 우리는 남자입니다. 세상이 아무리 변해도 남자는 남자여야 합니다. 아빠이자 남편인 우리 남자들은 바위 같은 묵직함으로 가족을 이끌어야 합니다. 아내가 논리와 능변의 달인이라면, 우리 아빠들은 묵직함과 진중함을 내세워야 합니다. 문제는 묵직함과 진중함 등 남자다움을 잃어버린 남자가 많다는 겁니다.
　영국에서 속된 말로 '쪽팔릴' 만한 일이 벌어졌습니다. 2013년

5월 22일, 영국 런던에서 이슬람 급진주의자로 추정되는 괴한 2명이 시민들 앞에서 어느 군인 1명을 잔인하게 살해하는 사건이 발생했습니다. 이때 당시 현장을 지나고 있던 48세의 여성 잉그리드 로요 케네트가 경찰이 도착할 때까지 용감하게 용의자들을 막아서며 대화로 설득했습니다. 다음은 그녀의 말입니다.

"살인범이 저희 아이들 또래였거든요. 그들의 엄마, 선생님이 돼 보자고 생각했어요. 엄마란 건 말이죠. 아이들에게 의사도 돼야 하고, 선생님도, 친구도 돼야 하며, 모든 걸 해야 하잖아요. 전 세상에서 '엄마'가 가장 어려운 직업이라고 생각해요. 그만큼 강하고요. (…) 긴장도 두려움도 전혀 없었어요. 아마 진땀이 났다면 상대가 절 공격했을지도 몰라요. 할아버지께선 '두려워하는 모습을 보이는 순간 패배하는 것. 적들은 너의 나약한 모습에 쾌감을 느낀다'는 말씀을 자주 하셨거든요."

멋지죠? 이어지는 그녀의 말은 우리 남자들을 모두 부끄럽게 만듭니다.

"칼이 무섭진 않았어요. 하지만 절 쳐다만 보던 50~60명 군중 속에서 굉장히 외로움을 느꼈죠. 사람들은 마치 인기 드라마라도 보는 것 같은 표정으로 연방 사진을 찍고 동영상을 찍어댔어요. 그렇

침착말

게 처참한 광경을 보고도 수습하겠다고 나서기는커녕 '이 사진 팔면 돈 좀 되겠다'는 태도였죠. 화가 났어요."

(〈조선일보〉, 2013년 6월 1일 자)

인터넷에서 그녀의 이름을 검색하여 사진을 찾아보세요. 살인자와 태연하게 대화하는 한 여자, 그리고 몇 십 미터 밖에서 구경하는 남자들. 남자다움이란 무엇일까요? 이를 생각하게 하는 광경이 아닐 수 없습니다.

아이의 배짱을 키워라

요즘 아이들은 배짱이 부족하다고 합니다. 심지어 "여자아이가 남자아이보다 더 드세다"라는 말까지 들립니다. 저는 이 말이 정말 여자아이가 더 드세져서 나온 말이라고 생각하지 않습니다. 여자아이는 예전 그대로입니다. 다만 남자아이가 약해졌을 뿐이죠.

과거에는 '골목대장'이란 말이 있었습니다. 남자아이는 친구들과 싸우면서 컸어요. 하지만 요즘 아이들은 싸우면 '신고' 당합니다. 그래서 신체적으로 부딪히질 않다 보니 아이들의 남아도는 힘은 원하지 않는 방향으로 폭발합니다. 예를 들면 '왕따'나 '빵셔틀(힘센 학생들의 강요에 의해 빵이나 담배 등을 대신 사다 주는 행위의 신조어)'로 불리는 것들이죠. 자신보다 약한 아이를 마음대로 해보려는 잔인한 생각, 어찌 보면 그런 행위의 가해자 역시 약한 아이라는 생각이 듭니다.

오죽하면 교수에게 전화해서 "우리 아이가 뭘 잘못했기에 B 학점이냐. 채점 내용을 공개하라"고 따지는 전설적인 엄마도 있다고 합니다. 대학생이나 되어서 교수에게 전화할 최소한의 '배짱'도 없다니, 참으로 갑갑하기만 합니다.

아이의 배짱을 키워봅시다. 배짱은 '침착말'에서 시작합니다. 아이와 대화할 때 '침착말'로 무게를 잡아보세요. 아이는 아빠의 침착함을 배우면서 자신의 배짱을 키워갑니다. 하지만 지나친 침착함은 자칫하면 방관이 될 수도 있습니다. 침착함은 절대 '그런가 보다' 하는 게 아닙니다. 자신에게 닥친 문제에 관해 의연하게 대처하는 게 바로 침착함입니다.

아이가 침착함을 배우면 자연스럽게 배짱도 생깁니다. 엄마와 아빠가 사라지면 아무것도 못 하는 아이가 아닌 엄마와 아빠가 눈에 보이지 않아도 자신의 길을 찾아갈 수 있는 아이, 그게 바로 우리의 아이이길 바라면서 오늘도 저는 '침착말'로 아이와 대화하고자 합니다.

침착말은 부담이 아니라 격려다

아무 때나 아무 곳에서나 '침착하게' 말한다고 모두 '침착말'이 아닙니다. 때와 장소를 가려야 하는 것은 물론이고, 아이에게 부담을 주면 안 됩니다.

예를 들어 볼게요. 아이가 영재교육원 시험을 보는 날입니다(생각만으로도 즐겁죠?). 긴장하고 있는 아이를 보며 '침착말'이 필요하다고 생각하는 당신, 나름대로 침착함을 '유지'하면서 아이에게 다음과 같이 말합니다.

"절대 긴장하면 안 돼."
"다른 사람은 모두 안 되더라도 너만은 반드시 합격할 거야!"
"내가 너만 믿는 거 알지?"
"이웃집 철이보다 네가 공부를 더 잘했으니 철이는 안 되도 너는 될 거야!"
"너는 항상 시험을 잘 봤잖아. 이번에도 잘 볼 거야."

느낌 오시죠? 이건 '침착말'이 아니라 '오두방정말'입니다. 나름대로 응원한다고 한 말이지만 아이에게는 그저 부담일 뿐이죠. 아이에게 괜한 스트레스를 주는 셈이니 그야말로 하지 않으니만 못한 말에 불과합니다.

그렇다면 어떻게 말해야 할까요? '침착말'은 응원을 가장한 강요, 위로를 가장한 부담이 아니라 격려의 말이어야 합니다. 아이에게 격려를 해주세요. 바로 이렇게요.

"시험 준비하느라 고생 많았지? 편하게 시험 보면 된단다."

"내일 춥다는데 옷은 따뜻하게 입고 가자."

물론 이렇게 말하면서도 아빠의 마음은 아이보다 100만 배 더 깊은 걱정과 불안으로 가득할 겁니다. 그래도 우린 아빠이기 때문에 아이의 든든한 우군이 되는, 조용히 등 뒤에서 바람을 막아주는 '침착말'을 했으면 합니다.

엄마 목소리보다 잘 들리는 아빠 목소리

　아빠는 늘 침착해야 합니다. 침착할 수 없는 상황이더라도 속된 말로 침착한 '척'이라도 해야 합니다. 그게 아빠입니다. 게다가 아빠의 목소리는 침착말과 무척 잘 어울립니다.
　여성과 남성의 목소리는 주파수 대역이 다릅니다. 여성의 목소리는 주파수가 높지만 남성의 목소리는 주파수가 낮죠.
　어느 연구진이 이러한 남녀 목소리를 이용해 실험을 했습니다. 배 속에 있는 태아에게 엄마와 아빠의 목소리를 들려주었습니다. 과연 태아는 엄마와 아빠의 목소리 중 어느 목소리를 더 잘 들었을까요?

태아는 임신 5개월이 되면 듣기 시작하는데, 엄마의 목소리보다 저음인 아빠의 목소리를 더 잘 듣는다고 합니다. 배 속에 있는 태아에게 전달되는 외부의 소리는 엄마 뱃가죽을 통과하면서 저음 위주의 성분만 남기 때문입니다. 태교 음악에 저음이 많은 게 바로 그 이유입니다.

그렇다면 이쯤에서 이렇게 정의해봅시다.

"아이에게 잘 들리는 목소리는 아빠 목소리다!"

혹시 엄마가 아이에게 같은 말을 수차례 반복하는 이유도 이것과 상관 있지 않을까요? 아빠가 짧게 몇마디만 해도 아이들이 곧잘 따르는 것도 말입니다. 참 신기한 일입니다. 이를 잘 이용하여 우리가 아빠로서 아이에게 낮은 목소리로 선(善)한 말을 많이 해준다면 아이는 분명 좋은 영향을 받을 수 있을 거로 생각됩니다.

심지어 출산 예정일보다 일찍 태어나 몸무게가 다소 부족한 아이에게 아빠의 목소리를 반복해서 자주 들려주었더니 체중이 늘고 성장도 빨라져서 예상보다 정상적인 체중으로 회복되는 시간이 빨라졌다는군요.

어떻게 생각하시나요? 믿거나 말거나 하고 그저 넘길 겁니까? 아니면 아이와 조금이라도 대화해보려고 노력하겠습니까? 선택은 당신의 몫입니다.

아빠는
해결책에 집중한다

우리 아빠들은 무슨 일이 있어도 '든든함', '진중함', '침착함'만큼은 절대 잃지 말아야 합니다.

예전에 이런 일이 있었습니다. 아이가 점심에 먹은 돈가스가 잘못되었는지 저녁 내내 열이 나고 끙끙거리더군요. 잠자리에 드는가 싶더니 얼마 못 있어 구토하기 시작했습니다. 자제력이 없는 아이는 화장실도 미처 가지 못하고 마룻바닥에 구토를 했습니다. 아내는 "어떡해! 어떡해!" 하며 당황해하고 있었죠. 아이 역시 겁이 나는지 토하면서 울고 난리였습니다. 저라고 그 상황이 겁나지 않았을까요? 하지만 저는 남자입니다. '센 척'을 해야죠. 저는 침착하게 말했습니다.

"괜찮아. 시원하게 토해. 그래야 병균들이 배에서 싹 나오지."

아이는 '그런가?' 하는 표정으로 저를 쳐다보더니 마루에다 구토를 한바탕 더 했습니다. 물론 저도 속이 니글니글했어요. 아무리 제 아이가 사랑스럽다고 해도 구토한 오물까지 예쁜 건 아니더군요. 그러나 저는 다시 이렇게 말했습니다.

"이야, 잘한다. 거봐, 시원하지? 이제 괜찮아질 거야. 이리로 와. 아빠가 세수시켜 줄게."

그랬더니 신기하게 아이는 정말 괜찮아졌습니다. 아내도 더 이상 당황하지 않았고요. 그날 밤 아이는 아무 일도 없었던 것처럼 편하게 잠자리에 들었습니다(제게는 아무 일이 없었…… 아니, 있었습니다. 오밤중에 아이가 구토한 오물을 제가 치웠으니까요. 윽!).

이렇듯 아빠는 늘 '침착함'을 잃어서는 안 됩니다. 또 하나, '의연함'도 중요합니다.

TV 프로그램 〈아빠! 어디가?〉에서 본 장면 중의 하나입니다. 무인도에 놀러 간 아빠와 아이들이 무인도를 탈출하기 위해서는 아이들 간에 승부차기를 통해 이겨야만 했습니다.

한 아이가 승부차기에 실패하고 좌절을 했습니다. 작은 일에도 아쉬움을 더 크게 느끼는 아이들은 쉽게 좌절을 합니다. 아이는 두 번째 슛을 했지만 이번에도 실패하고 맙니다. 아이의 낙담이 극에 달합니다. 자, 대충 모습이 그려지는지요? 이럴 때 우리 아빠들은 어떻게 말해야 할까요?

"사내자식이 뭘 그런 것 가지고 그래? 힘내!"
"잘할 때까지 해봐. 분명히 할 수 있을 거야."

이렇게 말하면 될까요? 아닙니다. 이미 자신에 대한 실망이 커진 아이에게는 조금 전보다 그 이후의 도전이 더 힘든 법입니다. 이때 자꾸 "해봐, 해봐!" 하며 독촉하는 것은 오히려 아이의 자신감을 빼앗는 말입니다.

방송에서 그 아이의 아빠는 무작정 부딪쳐보라고 말하지 않습니다. 골을 못 넣었다고 호들갑 떨지도 않았습니다. 괜찮다고 말해주며 침착하게 아이를 격려하고는 골대가 너무 좁은 것 아니냐면서 골대를 크게 만들어버립니다. 또한 일방적으로 아이를 편들어주는 모습을 보여주지 않으려고 다른 아빠에게 골키퍼를 하도록 요청합니다. 힘을 낸 아이는 마침내 골을 넣습니다. 성공한 아이가 환호를 합니다. 그렇게 아이는 다시 스스로 자존감을 찾았습니다.

저는 이를 보며 많은 것을 느꼈습니다. 만약 저라면 어떻게 했을까요? "야, 남자가 이런 것도 못해?"라고 윽박지르지 않았을까요? 아니면 "다른 아이도 못했어"라며 아이의 실패를 정당화시켜주는 데 급급하지 않았을까요?

모두 '침착말'에 적합하지 않은 대화입니다. '침착말'은 지나간 일에 대한 후회나 질책에 집중하지 않습니다. 아이의 자존감을 키워주는 해결책에 집중합니다. 아이를 격려하되 해결책을 함께 찾아내기 위해 노력하는 아빠가 '침착말'을 제대로 하는 아빠입니다.

아이들에게는 의외로 힘들고 어려운 일이 생기면 스스로 극복하는 힘이 내재되어 있습니다. 오히려 주위에서 어설픈 위로나 격려를 해줄 때 아이는 마음에 상처를 입습니다. 그러면 아이는 괜히 눈물이 납니다. 서럽고 화가 납니다. 이때 '아무것도 아닌 것처럼 넘어가는 의연함', 즉 '침착말'이 필요합니다.

"괜찮아. 이렇게 하면 잘될 거야."

"그렇구나. 이렇게 한번 해보자. 그럼 해결될 거야."

아이들이 작은 실패에도 힘들어하는 이유는 새로운 경험을 겪는 것에 대한 불안 때문입니다. 세상과 부딪치며 느끼는 불안의 경험이 적기 때문에 쉽게 좌절하는 겁니다.

사실 우리는 누구나 다 불안합니다. 불안이야말로 우리가 진정으로 살아있음을 보여주는 징표죠. 살면서 전혀 불안할 일이 없다면 얼마나 심심할까요? 그 불안을 이기는 과정에서 우리는 자신감을 얻게 되고, 그렇게 성장하게 됩니다.

아빠는 아이의 불안을 없애주는 존재가 아니라 의연하게 대처할 수 있게 돕는 역할을 해야 합니다. "불안은 얼마든지 있을 수 있어. 이겨내면 되는 거야. 방법이 있어. 불안과 사이좋게 지내라"고 아이에게 말할 수 있어야 합니다.

아이를 배려한다는 것은 그저 아이의 슬프고 힘든 일에 동조하라는 말이 아닙니다. 그 상황을 극복할 수 있도록 의연함이 깃든 해결책을 제시하는 말, 바로 '침착말'을 해야 합니다. 아빠가 세상에서 가장 든든한 '빽'이 되었다는 사실만으로 아이는 자신감을 가지게 될 것이며, 어렵고 힘든 일에도 과감하게 도전하는 아이로 성장할 것입니다.

힘내,
아빠가 있잖아!

'침착말'이란 바로 이런 겁니다. 아이가 주눅 들지 않도록 침착하고 의연하게 대처하는 것이죠. 사실 우리 아빠들은 사회에서야 워낙 험한 꼴을 자주 보니까 주눅이 들기도 합니다. 그렇다고 아이에게까지 그런 약함을 보여야겠습니까?

아이는 기댈 언덕이 필요합니다. 그 기댈 언덕마저 엄마에게 모조리 뺏기지 맙시다. 아니, 평소에는 아이가 엄마에게 기대더라도 정말 힘들 때는 우리가 아이의 든든한 언덕이 되어야 합니다.

퀴즈 하나 내겠습니다.

밤이다. 어느 아이가 검은 바다를 본다. 아이는 어린 마음에 무서운 생각이 든다. 아빠에게 말한다. "아빠, 이 바다에 빠지면 나 죽는 거야?" 이때 당신은 뭐라고 말할 것인가?

1) 재수 없다. 쓸데없는 소리 하지 마라!
2) 어이구, 남자가 그게 뭐냐?
3) 숙제는 했느냐?
4) 그런 일 생기지 않도록 네가 조심해야지.

답은 몇 번일까요? 4번이라고요? 죄송합니다. 답은 없습니다. 그렇다면 정답은 무엇일까요? 바로 이렇게 말하는 겁니다.

"괜찮단다. 네가 바다에 빠지면 아빠가 멋지게 수영해서 구해줄 테니까!"

어떤 상황에서도 아이의 든든한 배경이 되어주는 바위산 같은 아빠의 말, 어려운 상황 속에서도 허둥대지 않고 차분하게 말하는 아빠의 말, 아이가 필요할 때까지는 무한정으로 돕겠다는 아빠의 말, 이 모든 것이 '침착말'입니다. 이를 듣고 자란 아이는 위기 상황을 마주해도 흔들리지 않을 것이라 확신합니다. 왜요? 아빠가 옆에 있으니까요. 의연하게, 침착하게! 다음의 사례를 보시죠.

○○○ 씨(39세, 회사원)는 "외아들 △△(6세)에게 인생의 롤모델이 되고 싶다"고 말했다. "특히 아들의 경우엔 아빠의 역할이 중요해요. 아내는 조금만 위험해 보여도 아이가 하고 싶은 걸 못 하게 하지만 저는 제가 어릴 적 어땠는지 기억하니까 웬만하면 다 해보라고 해요. 또 칼싸움, 전쟁놀이와 같이 엄마가 해줄 수 없는 다소 거친 놀이를 함께하면서 모험심도 키워주고 친밀감도 쌓고 있죠. 아무래도 엄마한테만 맡겨놓으면 아이가 남자다움을 잃을 수도 있잖아요. 아들을 위해서라도 좋은 남자로 살려고요(웃음)."

(《경향신문》, 2013년 7월 19일 자)

아이와 있을 때 우리는 '슈퍼맨'이 되어야 합니다. 아이가 아무리 어려운 상황에 있더라도 우리는 이런 말을 할 수 있어야 합니다.

"아빠가 있잖아!"

아이도 마찬가지입니다. 아이가 힘들다고 느낄 때 이런 말을 해야 합니다.

"아빠가 있으니까!"

언제까지 "아빠, 힘내세요. 우리가 있잖아요"라는 노래만 듣고 있을 건가요? 우리는 노래를 들어야 할 대상이 아닙니다. 우리가 먼저 노래합시다.

"얘들아, 힘내라. 아빠가 있잖니!"

힘내,
남편이 있잖아!

우리는 아빠이기 전에 남편이기도 합니다. '침착말'은 아내에게도 할 수 있습니다.

불과 몇 개월 전의 일입니다. 몇 년을 벼르고 벼르다 드디어 온 가족이 해외여행을 가게 되었습니다. 여행을 갔다가 귀국하는 날의 이야기입니다.

새벽에 인천공항에 도착한 우리는 입국심사도 받아야 하고 수화물도 찾아야 했습니다. 그런데 그날따라 사람이 많아 무척 정신이 없었습니다. 수화물을 찾고 나오는데 갑자기 아내가 제게 다가오더니 고개를 갸우뚱하며 걱정스러운 표정으로 이렇게 말했습니다.

"아이가 이상해요."

무슨 소리냐고 물었더니, 사람이 많아 입국장이 혼란하여 딸아이 팔을 붙잡았는데 아이의 팔에서 '툭' 하고 소리가 나는 듯했다는 겁니다.

하지만 저는 '별일 아니겠거니' 생각했습니다. 태국 마사지 숍에서 마사지를 받으면 손가락 마디에서 툭 소리가 나는 것처럼 대수롭지 않게 여겼죠. 아내도 아이가 별다른 반응을 보이지 않으니 의아하다는 표정만 짓고 있었고요.

그러나 문제는 차에 짐을 싣고 집으로 갈 때 터졌습니다. 아이

침착말

가 갑자기 인상을 쓰더니 "팔 아파! 팔 아파!" 하는 겁니다. 운전하는 저와 조수석에 탄 아내 모두 연신 뒤를 돌아보며 "왜 그래?" 하고 물어봐도 그저 팔 아프다는 말밖에 안 하는 아이가 답답할 따름이었습니다. 급기야 아이는 울음을 터뜨리고 얼굴이 파래질 정도로 인상을 썼습니다. 아내는 아이 팔이 잘못된 거 아니냐며 안절부절못하다가 결국 울음을 터뜨렸습니다. 하필 아침 출근 시간이라 차가 꼼짝도 못 하는 올림픽대로 위에서 저 역시 당황했습니다. 알고 봤더니 탈구 증상이더군요.

이런 상황에서 우리 아빠들은 어떻게 해야 할까요? 만약 아이가 정신을 잃거나 피를 흘리는 등 긴급한 상황이라면 당연히 응급차를 불러야 하겠죠. 하지만 이때 아빠가 먼저 해야 할 일이 있습니다. 저는 비상등을 켜고 한적한 갓길에 차를 세웠습니다. 그리고는 아이에게 이렇게 말했습니다.

"많이 아프지? 아빠도 예전에 팔이 아픈 적이 있었는데 조금만 참고 견디니까 괜찮아지더라. 아픈 팔을 움직이지 않고 있으면 금방 나을 거야. 아빠가 병원에 데려다 줄 테니까 걱정하지 말고 조금만 참자."

이렇게 침착하게 아이를 다독여주었습니다. 그리고는 아이가 좋아하는 스마트폰으로 TV 프로그램을 보여주고는 서둘러 가까운 병

원으로 갔습니다. 그렇게 이 문제는 해결되었습니다(물론 빠진 팔꿈치 뼈를 맞추는 과정에서 한바탕 난리가 났습니다. 아이가 죽는다고 비명을 지르더군요).

아이가 갑자기 아픈 경우, 사실 아빠를 더 당황하게 하는 것은 겁먹고 허둥대는 아내의 모습입니다. 아내는 본능적으로 아이의 아픔을 보다 강하게 느끼고 공감하며 함께 아파합니다. 이럴 때 남편까지 동요해야겠습니까? 남편인 제가 아내도 제대로 못 챙겨서야 되겠습니까? 우리는 침착해져야 합니다.

"걱정하지 마. 큰일 아닐 거야. 생각해보니 입국장이 정말 혼란스럽더라고. 당신 잘못 아니야."

'침착말'은 아이에게 "아빠가 있잖아!" 하는 것 이상으로 아내에게 "남편이 있잖아!"라고 하는 것임을 잊지 마세요. 이럴 때 남편다운 말 한번 제대로 해보자고요.

'침착말' Quiz

학교 다닐 때 가장 싫어했던, 그러나 아빠이기에 꼭 해야 하는 복습

1. 아이가 자다 말고 갑자기 구토를 시작했다. 화장실도 가지 못하고 마룻바닥에 구토하는 상황이다. 아이 엄마는 "어떡해! 어떡해!" 하며 당황하고 있다. 이때 '침착말'로 해줄 수 있는 말은 무엇일까? (주관식)

   (   )

2. 아이와 함께 축구를 하고 있다. 아이는 공을 차고, 아빠인 당신은 골키퍼다. 3골 중 2골을 넣으면 아이스크림을 사주기로 했다. 하지만 아이는 계속 공을 넣는 것에 실패했다. 아이는 낙담한다. 이때 아빠가 해야 할 '침착말'로 적당한 것은 '가'와 '나' 중 어느 것인가? (   )

   가. "우리 한 번 더 해볼까?"
   "이야, 멋진 슛이었는데 아빠가 너무 잘 막았지? 이번엔 골대를 넓혀서 다시 한 번 해보자!"

   나. "사내자식이 뭘 그런 것 가지고 그래? 힘내!"
   "뭘 그런 걸 갖고 인상을 구기고 있니?"

엄격
말, 태도, 규칙 따위가 매우 엄하고 철저함.

엄격말
아이의 말과 행동에 대해 엄격하게 평가 혹은 지도하는 아빠의 말.

예의를 갖춘 아이로 키우자

chapter 05

"엄격말"

남을 이기는 위대한 승리 중의 하나는
공손함으로 이기는 거다.
조쉬 빌링스

엄격말

때로는 사랑의 매도 필요하다

저는 버릇없는 아이가 정말 싫습니다. 속된 말로 '싹수'가 없는 아이라고 하죠. 아이가 버릇없는 행동을 하면 저는 가만히 있지 않고 매를 듭니다.

많은 사람이 말합니다.

"애들은 절대 때려서는 안 된다!"

하지만 상황에 따라 다르지 않을까요? 저는 사랑의 매도 필요하다고 생각합니다. 단, 아이가 공부를 못해서, 시험 점수가 나쁘다고 매를 드는 것은 옳지 않습니다. 아이가 버릇없이 행동하는 경우에만 가능하다는 게 제 생각입니다.

저는 아버지에게 딱 한 번 맞아봤습니다. 아직도 기억이 선명합니다. 왜 맞았느냐고요? 욕을 했기 때문이죠.

초등학교 4학년 때입니다. 아버지가 무슨 말씀을 하셨는데 제 입에서 무심코 욕이 튀어나왔습니다. 갑자기 얼굴이 붉어지고 눈이 커진 아버지의 모습이 아직도 눈에 선합니다. 아버지는 회초리로 제 종아리를 때리셨습니다. 태어나서 그렇게 맞은 적이 없었습니다. 한 번도 맞아본 적이 없어서 그런지 더 아프게 느껴졌죠.

사실 학교에서는 선생님에게, 집에서는 엄마에게 많이 맞긴 했습니다. 하지만 평소에 조용하기만 하던 아버지가 매를 드는 모습은 그야말로 충격이었습니다. 그 이후로 저는 아버지 앞에서 욕을 한 적이 없었습니다. 그렇습니다. 아버지의 매는 좀 다릅니다. 무게가 있고, 생각을 하게 합니다.

어느 성공한 기업인에게 '경영 전략'이 아닌 '자녀 교육'에 대한 이야기를 들은 적이 있습니다. 그분은 이런 말을 하더군요.

"아이들을 키우면서 느낀 팁 2가지를 알려주겠습니다. 첫째, 쓸데없이 어린 아이들을 데리고 해외여행을 다니지 마십시오. 나중에 커서 전혀 기억하지 못합니다. 최소한 중학생, 일반적으로는 고등학생 정도는 되어야 해외여행에 다녀온 것을 기억합니다. 괜히 돈 낭비하지 마시고 국내여행을 다니세요. 둘째, 아이가 버릇없는 행동을 한다면 매를 드십시오. 단, 10살 이전까지만 매를 들어야 합

엄격말

니다. 그 이후에는 아이가 감정적으로 삐뚤어질 수가 있습니다. 물론 시도 때도 없이 매를 들면 절대 안 됩니다. 1년에 한두 번, '임팩트' 있게 혼을 내세요. 정신이 번쩍 나게!"

체벌이 필요하다고 해서 아이를 폭력적으로 키우라는 말은 아닙니다. 시간이 많으면 얼마든지 여유를 두고 아이가 변하는 모습을 기다릴 수 있죠. 하지만 시간이 필요한 순간에는 어쩔 수 없이 매를 들 수도 있다는 겁니다.

단, 원칙은 있어야 합니다. 절대 아이에게 감정적인 상처를 주면서 체벌하지 마세요. 체벌, 즉 행동만이 중요한 게 아닙니다. 버릇없는 아이는 '엄격말'로 예의를 가르쳐야 합니다.

간략하게 결론을 내리겠습니다.

"아이들 버르장머리는 반드시 바로잡아야 한다. 행동으로, 그리고 '엄격말'로!"

밥상머리 교육부터 바로잡자

외식을 하다가 이런 경험은 없었나요? 사람들이 북적거리는 감자탕집, 아이가 여기저기 돌아다녀도 아이 엄마는 딴짓만 하고 있습니다. 종업원들이 뜨거운 감자탕을 들고 다니는데도 아이 엄마는 별다른 생각 없이 친구와 수다 떠느라 정신이 없습니다.

이처럼 아이가 식당에서 소위 '개판'을 치는데도 '나 몰라라' 하는 부모들을 보면 참으로 짜증이 납니다. 이럴 때 우리 아빠들이라도 '엄격말'을 써야 하지 않을까요?

"다른 사람들이 식사하시는데 너희가 뛰어다니면 불편하시겠지?"

엄격말

"아직 엄마, 아빠 식사 안 했다. 어른들 식사 마칠 때까지 기다려라."
"뜨거운 것이 있으니 움직여서는 안 된단다. 아주머니들 힘드시잖니."

밥상머리 교육, 반드시 필요합니다. 요즘 부모들, 선행학습은 악착같이 시키면서 기본적인 밥상머리 교육은 안 시키는 경우가 많습니다. 물론 밥 먹는 식탁에서 "너 수학 시험 성적이 왜 그러냐?", "옷을 왜 그렇게 입고 다니는 거냐?" 등 아이에게 훈계를 하라는 말이 아닙니다. 무조건 즐거워야 하는 식사 시간에 성적이나 외모에 관해 지적하고 질책하는 것은 잘못된 일입니다. '엄격말'은 모든 행동엔 책임이 뒤따름을 아이에게 엄하고 철저하게 알려주는 겁니다.

또 다른 예를 들어보죠. 아이가 밥을 안 먹습니다. 소시지 반찬은 없고 채소만 가득했기 때문일 테죠. 아이는 밥을 한 숟가락 뜨는 둥 마는 둥 합니다. 그러더니 엄마의 스마트폰을 슬쩍 집어와 유튜브 동영상을 봅니다. 엄마와 아빠가 밥을 먹든 말든 상관없이 동영상을 보느라 정신이 없는 아이를 보고 엄마가 말합니다.

엄마 지금 뭐하는 거니? 어서 집어넣지 못해? 밥을 확 굶겨야지!

혹은 같은 상황에서 하나밖에 없는 외동아들과 외동딸을 아끼는 마음에 어떤 엄마는 이렇게 하곤 합니다.

엄마   아가, 아~~ (숟가락으로 밥을 떠서 아이의 입에 넣어준다.)

제가 세상에서 제일 싫어하는 광경 중의 하나입니다. 아이가 숟가락 쥘 힘만 있다면 밥은 무조건 아이 스스로 떠먹어야 한다고 생각합니다. 우리가 언제부터 아이의 입에 밥을 넣어주는 엄마, 아빠가 되었습니까? 우리 어렸을 적엔 밥풀 하나 흘려도 불호령이 떨어지지 않았던가요?

우리 아빠들, 이 상황에서 어떻게 말해야 할지 생각해봅시다. '아빠말'이 있다는 것을 배운 당신, '엄격말'로 말하라고 배운 당신, 이제부터 '엄격말'을 해봅니다.

"밥 먹자. 다 먹고 나서 동영상 실컷 보여줄게."

이건 '엄격말'이 아니고 그냥 타협일 뿐입니다. 이럴 때는 타협보다 설득이 필요합니다. 아이도 지켜야 할 기본적인 예의나 도덕을 압니다. 다만 지키기 싫을 뿐이죠. 이때 아이에게 단호하게 '엄격말'을 하면 됩니다. 바로 이렇게요.

"먹지 마라."

그리고 아내에게 다음 끼니까지 절대로 아무것도 주지 말도록

엄격말

요청하십시오. 그래서 아이가 배고플 때를 느껴야 합니다. 이런 과정이 없다면 아이에게 '엄격말' 하는 것은 더 이상 불가능합니다.

물론 이를 위해서 우리 아빠들의 고행(苦行)도 필요합니다. 아빠들이 먼저 솔선수범하는 겁니다. 식사 시간에는 스마트폰을 꺼내지 않도록 노력합시다. 이 정도의 노력은 할 수 있죠? 못하겠다고요? 그러면 아이의 눈에 아빠는 '그냥 이상한 아빠'에 불과합니다. 말과 행동이 일치하지 않는, 그런 이상한 아빠가 되고 싶지는 않으리라고 믿습니다.

외국의 밥상머리 교육 훔쳐보기

그렇다면 외국에서는 어떻게 밥상머리 교육을 시킬까요? 다음의 사례를 보시죠.

지난 2일 서울 종로구의 한 패밀리 레스토랑에선 앤드루 댈글레이시(37세) 주한 영국대사관 부대사 가족이 점심을 먹었다. 1시간 동안 식사하면서 댈글레이시 부대사의 두 아들 찰스(8세)와 제임스(6세)는 꼼짝하지 않고 자리를 지켰다. 댈글레이시 부대사는 "유럽의 식사 시간은 매우 길기 때문에 어릴 때부터 어른들과 대화하며 한자리에서 식사하는 방법을 가르쳐준다"며 "반복해 에티켓을 가르치고 아이가 관심을 가질 만한 주제로 대화하면서 인내심을 길러준다"고 말했다.

(《중앙일보》, 2013년 2월 4일 자)

이런 건 우리가 배웠으면 좋겠습니다. 이 기사에서는 '5~6세의 아동이 집중력을 유지할 수 있는 시간은 최대 15분에 불과하다'며 15분이 지나면 집중력이 떨어지고 자리를 이탈하거나 떠들기 시작한다고 말하더군요. 그렇다고 아이가 식사 시간에 마음껏 뛰어 다니게 그냥 냅둬야 하나요? 아닙니다. 반복되는 교육을 통해 아이가 집중력을 유지하는 시간을 조금씩 충분히 늘릴 수 있다고 합니다.

프랑스 아이들의 사례도 있습니다. 프랑스 아이들은 식당에서 음식이 나올 때까지, 혹은 음식을 먹고 나서도 보채거나 칭얼대지 않는답니다. 어떻게 그럴 수 있는 걸까요? 이유는 단순합니다. 훈련을 받았기 때문입니다. 아이가 칭얼대면 프랑스 부모는 엄격한 표정으로 단호하게 말하는데, 바로 '아탕!'(attend, 기다려)이라는 단어입니다.

"월스트리트 저널 기자로 일하다 결혼 후 프랑스에서 세 아이를 낳고 살고 있는 미국인 파멜라 드러커맨의 책《프랑스 아이처럼(Bring up bebe)》은 미국과 유럽의 육아 방식 차이를 잘 보여줍니다. 아이의 자존감을 높여준다며 원하는 걸 즉시 들어주는 미국의 부모와 달리, 프랑스 부모들은 "아탕(attend, 기다려)!"이라는 말을

엄격말

자주 씁니다. 밤중에 깨서 우는 아기를 바로 안아주지도 않고, 배고프다며 칭얼대도 식사 시간까지 기다리게 하죠. 인내와 좌절을 가르치기 위해서랍니다."

(《중앙일보》, 2013년 7월 20일자)

이것이 바로 '엄격말'의 기본입니다. 우리는 아이들에게 얼마나 잘 "기다려!"라고 말하고 있나요? 아이들이 당연히 기다려야 할 시간임에도 혹시 타협하고 있지는 않은지요? 바로 이렇게 말입니다.

"알았어. 아빠가 빨리 먹을게."
"이거 가지고 놀고 있어."
"스마트폰 줄 테니까 게임하고 있어."
"너무 뛰어다니지는 마."

이것은 진정한 대화가 아닙니다. 아이를 사랑한다고, 아이를 생각해주는 말이라고 착각하고 있었던 것뿐입니다. 이런 대화는 아이를 사랑해서 하는 말이 아니라 아이를 해치려고 작정하는 '짓'입니다. 다시 한 번 말하지만 '엄격말'은 단호해야 합니다.

"기다려. 아직 식사 시간이 끝나지 않았단다."
"심심하면 눈 감고 기다려. 엄마 말씀 끝나지 않았다."

"스마트폰은 식사 중에는 절대 사용할 수 없어."

"다른 사람에게 피해를 주지 마라. 불쾌하게 생각한다."

외동아들, 외동딸이 '대세'가 되면서 아이에게 꼼짝 못하는 엄마, 아빠가 양산되고 있습니다. 그 과정에서 기본적으로 가르쳐야 할 밥상머리 교육조차 포기한 것은 아닌지 하는 걱정이 듭니다.

우리는 '엄격말'로 아이들에게 가르칠 건 가르쳐야 합니다. 아이들은 인사하는 방법을 배워야 하고, 감사하는 방법을 익혀야 합니다. 기다리는 방법과 요청하는 방법 또한 알아야 합니다. 그래야 아이가 사회에 나갔을 때 예의 바른 사람으로 성장할 수 있습니다. 예의 바르고 의젓한 아이로 키우고 싶다면 엄격함과 단호함의 깃든 '엄격말'을 하는 게 중요합니다.

최소한
출근 인사는 받자

초등학교에도 안 들어간 아이가 아침에 "Good morning!" 하고 인사하면 우리 엄마와 아빠들은 자지러집니다. 영어를 잘한다는 둥 발음이 좋다는 둥 하면서 아이가 영어 천재라도 되는 듯한 느낌에 기분이 좋아지게 됩니다.

그런데 이런 영어 인사를 받고 즐거워하는 우리들이 정말 중요한 인사는 안 받고 있다는 사실을 알고 있나요? 한번 생각해봅시다.

혹시 당신, 아침에 출근할 때 아이들의 인사는 받고 집에서 나오는지요? 아이들이 쿨쿨 자고 있으니 좀 더 자라고 하는 마음에서 그냥 집에서 나오지는 않나요?

저는 우리 아빠들이 받을 건 받아야 한다고 생각합니다. 가장으로서 출퇴근할 때 아내와 아이들에게 인사는 꼭 받아야 합니다.

과거를 생각해봅시다. 지친 몸을 이끌고 퇴근하는 아버지를 맞이하기 위해 우리 세대들은 어릴 적에 동네 밖까지 나가서 기다리곤 했습니다. 아침이면 출근하는 아버지를 따라 동네 어귀까지 나가서 인사도 드렸죠.

그런데 지금은 아빠의 출퇴근에 관심 없는 아이들이 정말 많습니다. 집안의 가장인 아빠에 대해 무관심한 아이가 선행학습으로 영어를 조금 더 잘한들 그게 자랑스러운 일일까요?

과거에 우리 선조들은 아침에 일어나면 이부자리를 정리하고, 마당을 쓸고, 부모님께 아침 인사를 했습니다. 어찌 보면 아주 당연한 일상 예절이었습니다. 만약 이 중의 하나라도 어겼다면 옛 선조들의 그림에서 본 것처럼 회초리를 맞았겠죠. 선생님이나 부모님의 훈계, 즉 '엄격말'을 들었을 겁니다. 물론 우리 아빠들, 회식이다 야근이다 해서 집에 자정이 넘어 들어갈 때도 있을 겁니다. 이해합니다. 사회생활에는 우리 아빠들도 어쩔 수 없는 부분이 있는 걸요. 아이들에게 그때까지 잠을 자지 않고 아빠를 기다렸다가 인사하라고 가르치라는 이야기가 아닙니다. 다만 가족 모두 집에 있는 아침만이라도 인사를 받자는 이야기입니다.

온고지신(溫故知新)이라는 말처럼 옛것에서 배울 점은 보존되어야 합니다. 아빠가 아이에게 하는 '엄격말'과 '아침 인사'도 분명히 보존해야 할 유산 중의 하나입니다.

질책과 '엄격말'은 다르다

'엄격말'을 할 때는 말이 많아지지 않도록 하는 게 첫 번째 원칙입니다. 딱 1분 안에 끝내겠다고 다짐하세요. '엄격말'은 무조건 짧고 간결해야 합니다. 말이 길어지면 아이에게 상처를 주지요. "혀가 만드는 말은 날이 예리한 칼보다, 맹독을 바른 화살보다 강하다"는 말처럼 말로 생긴 상처는 감정을 다치게 하기 때문에 잘 낫지 않습니다. 말로 아이를 함부로 찌르지 말고 객관적인 사실에 관해서만 말하자고요. 감정을 건드려서는 곤란합니다.

"너는 도대체 왜 그러니? 말을 해도 듣지를 않네. 평생 그럴래?"

엄격말

"아빠가 말할 때는 일단 들어. 버릇없이 대들지 말고."
"너는 왜 늘 똑같은 변명을 하니? 도대체 이유를 모르겠어."

'엄격말'을 할 때는 일단 아이의 말을 '들어주겠다고' 각오하고 시작하세요. '엄격말'을 '들려주려' 애쓰기 전에 '들어주겠다'는 생각을 해야 아이의 감정이 상하지 않습니다.

'엄격말'을 하는 3단계 방법

'엄격말'에는 역설적으로 '아이에 대한 예의'가 수반되어야 합니다. '엄격말'이라고 해서 '내 마음에 안 들면 아이를 마음껏 꾸짖어도 되겠네?'라고 생각하지 마세요.

"내가 너 때문에 미쳐!"
"도대체 누구를 닮아서 그 모양이냐?"
"정신은 어디에 놔두고 다니니?"
"잘했어? 잘못했어? 응? 말해봐. 어서!"

이건 단순히 아빠의 감정 표출일 뿐 아이를 위한 '엄격말'이라고 할 수 없습니다. 아이의 감정을 갉아먹는 해로운 말입니다.

만약 아이가 식당에서 자리를 이탈하여 다른 곳으로 가려다가 누군가와 부딪칠 뻔했다고 해봅시다. 아이가 이런 잘못을 저질렀다면 다음 3단계를 밟아 '엄격말'로 말하십시오.

- **1단계: 아이가 무슨 잘못을 했는지 객관적으로 말해준다.**

아이의 잘못을 객관적으로 판단하여 말해주세요.

"너는 다른 사람들이 식사하는 데 불편을 주는 행동을 한 거다."

이렇게 다소 목소리를 낮추고 아이의 눈을 똑바로 바라보면서 말합니다. 이때 아이가 지나치게 주의가 산만하다면 아이의 얼굴을 감싸고 아빠의 얼굴과 마주보게 하여 아빠의 말에 집중하게 하세요.

- **2단계: 잘못을 반복하지 않도록 충고한다.**

잘못을 아는 것만큼이나 중요한 것은 똑같은 잘못을 하지 않는 것입니다. 아이가 똑같은 잘못을 저지르지 않도록 충고해주고 다짐을 받으세요.

"이런 행동을 보면 아빠는 마음이 좋지 않단다. 다시 이렇게 하지 말자. 약속하자."

- **3단계: 혹시 상처받았을지 모르는 아이의 마음을 헤아려준다.**

마무리는 아이의 마음을 어루만져주는 것입니다. 아빠의 '엄격말'에 혹시나 아이가 상처를 받았을지도 모릅니다. 그런 아이의 마

엄격말

음을 헤아려주세요.

"아빠가 혼을 내서 마음이 좋지 않지?"

"혹시 아빠한테 하고 싶은 말이 있니?"

아이를 유혹하지 마라

마지막으로 복습해봅시다. 다음 사례를 보고 바람직한 '엄격말'을 구별해보세요.

1. 복잡한 대형 상점에 아이를 데리고 갔다. 아내가 장을 보는 사이, 아빠는 아이와 함께 여기저기 돌아다닌다. 그러다 아빠는 전자매장에서 새로 출시된 노트북을 구경한다. 실컷 구경하다 보니 아이가 사라졌다. 여기저기 찾아보니 장난감 코너에서 아이가 아빠를 찾으면서 울고 있다.

"이런 곳에 오면 아빠 곁에 꼭 붙어 있으라고 했지? 안 그러면 다시는 안 올 거야."

2. 일요일 오후, 아빠가 TV로 프로야구를 시청한다. 아이는 아빠 옆에서 아이패드로 게임을 한다. 아빠가 말한다.

"야, 너 공부는 다 했니? 공부하고 놀아야지!"

3. 슈퍼마켓에서 아이스크림을 샀다. 내일 먹자고 말하고 냉동실에 넣어뒀다. 그러면서 아빠는 하나 꺼내 먹는다. 그걸 보고 아이가 먹고 싶어한다. 아빠는 아이에게 이렇게 말한다.

"밤에 아이스크림 먹으면 배탈 난다고 했잖니. 내일 점심 먹고 엄마한테 달라고 해!"

당연히 모두 '엄격말'이 아닙니다. 1번은 '책임 떠넘기기'입니다. 2번은 '그냥 짜증'입니다. 3번은요? 아이를 '약 올리는' 말이죠.

결론입니다. 아이를 시험에 들게 하지 마세요. 온갖 유혹을 아이 주변에 던져놓고 아이 인내력을 테스트하지 말라는 겁니다. 아이가 그런 유혹을 이기지 못한다고 질책하는 말은 '엄격말'이 아닙니다.

아빠부터 아이에게 있어 전혀 부끄러움이 없어야 합니다. 대형 상점에서 노트북 구경은 잠시 미루든가, 아이와 있을 때 정말 봐야 하는 프로야구 경기가 있다면 화장실에 숨어서 시청을 하든가, 아이스크림은 모두 잠들었을 때 혼자 먹든가 하는 정도의 자제력은 있어야 합니다. 아빠 스스로 '그런 유혹'을 이겨내지 못하면서 아이에게 '유혹에 약하다고' 질책하는 것은 '엄격말'이 아님을 잊지 마세요.

엄격말

'엄격말' Quiz

> 학교 다닐 때 가장 싫어했던, 그러나 아빠이기에 꼭 해야 하는 복습

1. 타협이 아닌 설득의 관점에서 '엄격말'을 한다고 해보자. 밥을 먹지 않고 인터넷 동영상을 보겠다고 떼쓰는 아이에게 해줄 '엄격말'로 적당한 것은 다음 중 어느 것인가? (   )

    가. "밥 먹자. 다 먹고 나서 동영상 실컷 보여줄게."

    나. "안 돼!"

2. 사람들이 북적거리는 음식점에 왔다. 아이가 여기저기 돌아다녀도 아이 엄마는 신경을 안 쓰고 있다. 이럴 때 우리 아빠들이 아이에게 해줄 '엄격말'을 써보자. (주관식)

    (   )

3. 프랑스 아이들은 식당에서 음식이 나올 때까지, 혹은 음식을 먹고 나서도 보채거나 칭얼대지 않는다. 이유는 훈련을 받았기 때문이다. 아이가 칭얼대면 프랑스 부모들은 엄격한 표정으로 "아탕!"이라고 단호하게 말한다. 이 단어의 의미를 적어보라. (주관식)

    (   )

공감
남의 감정, 의견, 주장에 대하여 자기도 그렇다고 느끼는 기분.

공감말
아이의 생각과 감정에 대해 공감해주는 아빠의 말.

아이의 자존감을 성장시키자

chapter 06

"공감말"

내가 이해하는 모든 것은
오직 그것을 사랑하기 때문에 가능하다.
레프 톨스토이

공감말

아이의 사회성은
아빠가 만든다

지금은 아니지만 어릴 적에 저는 친구가 별로 없었습니다. 왜 그럴까 생각해보니 나름대로 그 이유를 찾을 수 있었습니다. 타인과 제 감정을 공유하길 원하지 않았던 겁니다. 힘든 일이 있고 아픈 일이 있어도 그것을 해결하는 것은 온전히 저의 몫이라고 생각했습니다.

저는 나름대로 저 자신의 이런 모습을 괜찮다고 여겼습니다. 오히려 자신의 감정을 타인에게 말하는 사람이 이해되지 않았습니다.

이렇듯 제 감정을 타인과 공유하지 않다 보니 인간관계는 넓이만 확장되었을 뿐 더 이상 깊어지지는 않았습니다. 일회성 만남만 가득했고, 오래 숙성된 인간관계는 빈약하기 이를 데 없었습니다.

그래서 지금 저는 후회합니다. 사람은 감정을 공유하면서 가까워지고, 기쁨을 함께하면서 깊어진다는 것을 깨달았기 때문입니다. 자신의 감정을 상대방이 이해하고 공감해주는 그때, 서로의 관계가 긴밀해집니다.

결론을 내리자면, 사회생활에서 타인의 감정을 이해하고 공감하지 않으면 인간관계는 심화시키지 못합니다. 결국 사회성은 '공감'과 깊은 관련이 있는 것입니다.

우리 아이가
사회에 적응할 수 있을까?

'공감'이라는 단어는 언제 들어도 기분 좋습니다. 우리는 모두 사람들에게 공감을 받고 싶어합니다. 그리고 자신의 감정을 이해해주고 공감해주는 사람에게 따뜻함을 느낍니다.

타인의 심리 상태를 이해하고 그 사람의 입장에서 생각하는 것을 공감이라고 한다면, 공감은 결국 타인의 감정에 이입하는 과정이라고 할 수 있습니다.

사람은 혼자 살 수 없습니다. 다양한 사람들과 함께 살아가며 사회를 이룹니다. 따라서 사람들과 원활한 소통을 하고 함께 어울리기 위해서는 이러한 '공감 능력'이 꼭 필요합니다. 공감 능력은 앞으로 지식, 정보, 서비스를 중시하는 소프트화(soft化) 사회에서 아이

공감말

가 리더로 성장하기 위해 꼭 필요한 요소가 될 것입니다. 다시 말해 아이의 사회성을 키우고 싶다면 공감 능력을 향상시켜줘야 한다는 뜻이기도 합니다.

아이의 공감 능력에 대한 1차적 책임은 엄마에게 있습니다. 아이의 공감 능력은 유아와 엄마 사이에서 발생하는 상호작용과 연관이 있기 때문입니다. 따라서 아이가 태어나 처음 만나게 되는 엄마가 아이와 원활한 공감대를 형성할 수 있도록 노력해야 합니다.

물론 우리 아빠들의 노력도 필요합니다. 엄마가 아이와 상호작용을 맺어 공감 능력을 키워주었다면, 아빠는 아이의 공감 능력을 향상시켜 아이의 사회성을 길러줄 수 있습니다.

오랫동안 사회생활을 경험한 아빠들은 이런 고민을 합니다.

'우리 아이가 어떻게 사회에 적응할 수 있을까?'
'친구들과 사이좋게 지내지 못하는 것은 아닐까?'

저 역시 마찬가지였습니다. 혹시나 아이가 사회에 나갔을 때 적응하지 못하는 것은 아닐까 하고 노심초사했죠.

아이의 사회성을 키우기 위해서는 아빠의 역할이 무엇보다 중요합니다. 사회와 밀접한 관계를 맺고 있는 우리 아빠들이 아이가 사회에 적응하기 위해 꼭 필요한 개인의 소질이나 능력, 대인 관계의 원만성을 키워주어야 합니다. 이때 필요한 것이 바로 '공감말'입니다.

자존감 높은 아이가
사회성도 좋다

'공감말'을 한 마디로 정리하자면, 아이가 불안함과 스트레스를 이겨낼 수 있도록 도와주는 '힐링의 말'입니다. 또한 친구를 사귀면서 생기는 긴장감, 학업에 대한 압박 등으로 인해 떨어진 아이의 자존감을 지켜주는 말이기도 합니다.

물론 어느 정도의 스트레스는 아이가 스스로 이겨낼 수 있습니다. 하지만 스트레스가 반복되다 보면 아이는 어느 순간 '세상에 내 편은 아무도 없어'라고 생각하며 좌절하고 실망합니다. 자신을 '쓸모없는' 사람으로 여기게 되는 거죠. 그러면서 아이는 이렇게 말할지도 모릅니다.

"난, 아무것도 하고 싶은 게 없어."

이렇게 아이가 자신을 '아무 것도 아닌 존재'로 인식하는 순간부터 아이는 '하고 싶은 것'도 없어집니다. 아이가 세상으로부터 인정받고 싶어하는 욕구를 충족하는 데 실패했기 때문입니다. 자존감이 낮아지는 것은 물론이고, 모든 일에 흥미를 잃게 되어 모바일 게임만이 아이의 유일한 친구가 됩니다.

아이의 자존감을 키워주기 위해서는 아이를 있는 그대로 바라보도록 노력합시다. 자존감이란 말 그대로 자신을 사랑하고 존중하는 마음을 뜻합니다. 아이가 자신을 사랑할 수 있도록 아이의 말에 귀

공감말

를 기울이고, 아이의 마음에 공감해주세요. 다음과 같이 말입니다.

"마음이 많이 아픈 모양이구나. 네 마음이 아프니 아빠 마음도 많이 아파."
"TV가 많이 보고 싶지? 아빠도 어릴 때는 그랬어. 정말 참기 힘들었단다."
"아빠는 너를 믿어! 너는 내 아들이니까."
"네가 이걸 할 수 있다고 했으니, 아빠는 묵묵히 응원해줄게."

이렇듯 아빠의 '공감말'은 아이가 자신이 얼마나 소중한 존재인지 깨닫게 해주는 말입니다. 아빠가 자신의 생각과 가치관을 아이에게 주입시키는 것이 아니라 아이의 생각과 마음을 있는 그대로 존중하고 공감해주면 비로소 아이는 자신을 소중히 여기게 되는 것입니다.

자존감이 높은 아이는 모든 일에 긍정적으로 생각하게 되어 분노, 우울, 불안 등의 심리 상태를 쉽게 이겨냅니다. 또한 자신의 의견을 표현하는 데 적극적이어서 친구들과의 관계도 잘 이끌어나갑니다. 따라서 자존감이 높은 아이로 키우기 위해서는 우리 아빠들이 나서야 할 때입니다.

혹시나 이런 '공감말'이 아이의 버릇을 해치는 것은 아닐까 하고 걱정하는 아빠들이 있을지도 모르겠습니다. 하지만 '공감말'은 아이가 제멋대로 자라도록 오냐오냐 키우는 말이 아닙니다. 아이의 잘못은 짚어주되, 아이의 심정에 대해 공감해주면서 아이가 반성할 수 있는 기회를 만들어줘야 합니다.

- *아이가 친구와 싸우고 집에 들어왔을 때*

  "친구랑 싸워서 많이 속상하지? 속상한 네 마음 아빠는 충분히 이해해. 그렇지만 친구도 많이 속상하지 않을까?"

이렇게 상대방의 기분에 대해서도 공감할 수 있는 아이로 키우도록 합시다. 아이가 올바른 인성을 가지고, 상대방을 이해할 수 있도록 도와주는 '공감말'을 지금부터 시작합시다.

아이는 아빠의
소유물이 아니다

아이와 '공감말'로 소통하기 전에 꼭 알아두어야 할 것이 있습니다. 바로 이와 같은 생각입니다.

"내 아이는 내가 알아서 교육시킨다!"

만약 이런 생각을 하고 있다면 지금 당장 생각을 바꾸세요. 이런 생각으로는 절대 '공감말'을 할 수 없습니다. 아이를 자신의 소유물로 여기게 되면 아이를 생각한다는 명목으로 왜곡된 사랑을 전달하게 됩니다. 심하면 아동학대로 이어질 수도 있습니다. "내가 이렇게

까지 해줬는데, 넌 왜 이것밖에 못해?"라고 윽박지르면서 말입니다.

아이를 교육시키는 것은 아빠의 역할이기는 하지만, 아이가 생각하는 것까지 강요할 수는 없습니다. 아이의 생각에 동의해주고, 혹시나 아이가 사소한 실수를 하면 유치하더라도 아빠의 경험을 이야기하여 아이의 상황에 공감해주세요.

- 아이가 자다가 이불에 소변을 봤을 때

"아빠도 어렸을 때 이불에 오줌 싸서 많이 혼났어."

- 아이가 받아쓰기 시험을 못 봐서 주눅이 들었을 때

"아빠도 받아쓰기가 어려웠어. 0점 맞은 적도 있었지."

- 할아버지가 동생에게만 초콜릿을 사줘서 화가 났을 때

(귓속말로) "할아버지가 초콜릿을 안 사줘서 속상했구나. 아빠가 조금 있다가 2개 사줄게. 그 대신 비밀이야."

- 비가 내리고 천둥이 치는 밤에

"천둥이 치니까 무섭지? 아빠도 무서운데, 오늘은 아빠랑 같이 자는 게 어떨까?"

이렇게 아이가 겪은 상황과 비슷한 아빠의 이야기를 들려주세요.

아이는 아빠가 더욱 자신의 마음을 잘 알고 있으리라 생각할 겁니다. 그러면서 아이는 '아빠도 나와 똑같은 사람이구나!'라고 생각하며 동질감을 느끼고, 아빠를 이해하는 아이로 성장할 수 있습니다.

하지만 아이에게 절대 신세 한탄을 하지 마세요. 신세 한탄은 '공감말'이 될 수 없습니다.

"내가 얼마나 힘들게 번 돈인 줄 알아?"
"지금 내 몸이 부서질 것 같아. 그러니까 제발 조용히 해!"
"요즘 되는 일이 없으니까 나를 피곤하게 하지 마."

이런 것을 '공감말'이라고 생각한다면, 이런 것을 '아빠말'이라고 변명한다면 우리는 아빠 자격이 없습니다.

아이와 단둘이 데이트하기

'아이와 공감대를 형성하라'는 말이 막연하기만 할 겁니다. 가끔은 나 자신조차 이해하기 힘든데, 미지의 대상인 아이들과 어떻게 공감대를 형성해야 하는지 궁금하기만 합니다. 이렇게 막연하기만 한 공감대를 어떻게 형성해야 하는지 궁금하지 않나요?

이쯤에서 제가 이 책을 쓰는 목적을 다시 한 번 말하겠습니다. '머리말'에서도 이미 말했듯이 아이의 고민을 함께 나눌 수 있는 아빠가 되기 위해서였습니다. 이런 아빠가 되기 위해서 무엇을 하면 되는 걸까요? 이때 필요한 것이 바로 '공감말'입니다.

우리 아빠들은 '말'이 얼마나 중요한지 잘 알고 있습니다. 특히

공감말

사회생활을 하면서 말 한마디 잘못하여 문제가 된 경우를 보기도 했고, 말 한마디로 인해 꼬였던 일이 잘 풀린 경험도 있을 겁니다.

이렇듯 말을 한다는 것은 매우 신중해야 합니다. 아무 생각 없이 무심코 던진 말에 누군가는 상처를 받을 수 있기 때문입니다. 그렇기 때문에 지금까지 전해지는 말에 대한 속담도 대부분 '말을 하라'는 것보다 '말하는 것을 조심하라'고 충고합니다. 심지어 우리가 잘 알고 있는 '말 한마디로 천 냥 빚을 갚는다'는 속담도 말의 중요성을 강조하고 있습니다.

이제부터 말로, 행동으로 아이와 어떻게 공감대를 쌓아야 하는지 살펴보겠습니다. 작은 것부터 시작하기로 합시다. 우리 아빠들이 어렸을 적, 다시 말해 아이였던 시절로 돌아가서 생각하면 됩니다.

우리가 아이였을 때는 어떤 말을 들으면 가장 기분이 좋았을까요? 어떤 말을 들어야 '역시 아빠는 내 편이야! 아빠는 내 마음을 잘 알아'라고 느꼈을까요? 저는 함께 놀러가자는 아빠의 말에 행복함과 안정감을 느꼈습니다.

예전에 초등학교 2학년인 제 아이와 이런 대화를 나눴습니다.

아빠 아빠가 언제 네 편이 되어준다고 생각하니?
아이 음……. 동생 빼고 저랑만 데이트하러 나가자고 할 때요.

저는 가끔 3명 아이들 중 1명하고만 주말 하루를 보냅니다. 온전히 그 시간을 그 아이와 함께 즐기는 겁니다. 버스를 타고, 아이스크림도 먹고, 영화도 보고, 놀이공원에도 가며, 그렇게 아이와 단둘이 즐거운 시간을 보냅니다. 이렇게 아이들과 돌아가면서 데이트를 하는 겁니다. 아이와 단둘이 데이트를 하면 가족이 함께 놀러 갔을 때와는 또 다른 기분입니다.

아이도 마찬가지인 모양입니다. 아빠와 단둘이 데이트를 하면 아빠가 자기의 편이 되어준다고 생각합니다. 그러면서 아이는 아빠에게 더욱 의지하게 되고, 지금까지 하지 못했던 이야기를 시작할 수도 있습니다. 가령 비밀 이야기나 고민 같은 것이죠. 아이와 비밀 이야기를 나누고 싶다면 단둘이 데이트하는 것이 지름길입니다.

공감말

이렇게 아이와 공감대를 형성하기 위해서는 '공감말'을 하는 것도 중요하지만, '아빠는 네 편이다'라는 구체적인 행동을 보여주어야 합니다. 따라서 아이와 단둘이 즐거운 시간을 보내는 것만으로 아이는 아빠에게 친밀감을 느끼게 될 것입니다.

물론 매일 회사에서 늦게 퇴근하고, 어쩌다 회식이라도 하고 집에 들어오면 완전히 녹초가 되는 아빠들에게는 무리한 일로 보일 수도 있습니다. 대부분의 아빠들은 주말에는 소파와 한 몸이 되어 꼼짝도 하지 않고 쉬고 싶거든요. 하지만 아이들은 그런 아빠를 가만두지 않을 겁니다. 아빠를 잡아끌고 놀아달라고 보채며 귀찮게 합니다.

그때 눈 한번 꼭 감고 아이와 단둘이 데이트를 하는 순간, 왜 진작 아이와 밖으로 나오지 않았을까 하고 후회하는 순간이 올 겁니다. 아이는 아빠에게 친구와 대화하듯 조잘조잘 떠들며 자신의 이야기를 할 테니까요.

아이와 데이트를 하며 '공감말'을 해줄 때에는 아이에게 아빠의 희생과 마음을 알아달라고 절대 강요하지 마세요. 바로 이렇게 말입니다.

"내가 너를 얼마나 예뻐하는데!"
"너를 생각해서 이렇게 말하는 거야."
"아빠가 네 마음을 모를 줄 알아? 다 알아."

이런 것은 '공감말'이 아닙니다. 아이에게 공감하고 있다는 자기 위로이자 핑계일 뿐입니다.

아이의 마음과 생각에 진정으로 공감해주고 싶다면 행동으로 보여주세요. 잠깐 동네 앞 편의점에 가더라도 아이에게 "아빠랑 같이 나가자"라고 해주는 것, 그게 바로 아이의 눈높이에 맞는 공감입니다(물론 편의점에서 아이에게 작은 사탕 하나라도 손에 쥐어줘야 하는 후속 조치도 필요하겠죠).

공감말

가족이라면
가치관을 공유하라

아빠는 아이에게 무조건 희생하고, 무조건 잘해줘야 할까요? 아니라고 생각합니다. 행복한 아빠라면 가족 간의 '가치관 공유'를 우선 이뤄야 합니다. 완벽한 아이로 키우겠다고 다짐하거나 완벽한 부모가 되겠다는 망상은 버리십시오. 서로 실수도, 실패도 하며, 배우고 익혀서 삶을 자신의 무대로 만들겠다는 가치관을 가족이 공유하고 있어야 합니다.

가치관을 공유하려면 어떻게 해야 할까요? 우선 서로에 관해 잘 알아야 합니다. 그러기 위해서는 상대방의 어려움이 무엇인지를 알아야 하겠죠. 그리고 아이들은 아빠의 어려움이 무엇인지부터 알아야 합니다. 그렇지 않으면 아이들은 갑자기 늙어버린 아빠를 이해하지 못합니다.

지금부터 당장 우리 아이들에게 아빠의 어려움을 말하세요. 그리고는 아이에게 도와달라고 요청하세요. 우리의 예상보다 아이들은 훨씬 어른스럽답니다.

"아빠 책 정리하는데 같이 했으면 좋겠어."
"아빠 좀 도와줄래?"
"아빠가 몸이 안 좋은데 동생 공부하는 거 봐줄래?"

가족을 위해 노새처럼 일하는 아버지의 분투를 소설가 박범신은 '치사함 견디기'라고 표현했습니다. 그는 자신의 작품에서 아버지란 존재를 '가장의 책임을 완수하기 위해 직장에서 크고 작은 굴욕을 견디고 있는데, 아내와 자녀들이 자신을 그저 돈 벌어오는 기계로만 대하자 절망을 느끼고 가출한 사람'으로 나타냈다고 합니다. 작품에서는 이런 '약한' 아버지의 결정에 "왜 그런 부담감을 미리 말씀하지 않으셨어요"라고 아내와 자녀들이 말합니다. 글쎄요. 우리 아빠들은 아마 이렇게 말할 겁니다.

"약한 모습을 보이기 싫었다."

공감말

한번 생각해봅시다. '아버지'라고 하면 무슨 생각이 드시나요? 도란도란 아버지와 이야기한 기억이 있나요? 정다운 아버지의 모습을 기억하는 사람이 얼마나 될까요? 혹은 아버지니까 당연히 강하고 인내해야 한다는 고정관념이 있지는 않나요?

그렇다고 밑도 끝도 없이 아빠의 약한 모습을 보이라는 말이 아닙니다. 저 역시 한 가정의 버팀목이 되어야 하는 것은 아빠라고 생각합니다. 하지만 그 과정에서 생기는 외로움을 혼자 삭이지 말았으면 합니다. 삶에서 맞닥뜨리는 고난을 아내에게 말하고, 아이와 함께 고민할 수 있어야 합니다. 그게 바로 '공감말'입니다.

이제부터 우리도 아이들에게 공감을 받아봅시다. 우리 아이들은 자기 생각에 공감해주는 아빠도 좋지만, 자신의 고민을 솔직하게 말하는 아빠의 '공감말'에서 인간적인 친밀감을 느낀다는 것을 잊지 마세요.

아이의 내적 성장에
주목하라

아이들은 그 자리에 머물러 있지 않습니다. 엄마와 아빠가 모르는 사이에 다양한 경험을 하면서 훌쩍 성장합니다. 그리고 우리는 늘 이렇게 성장하는 아이를 '점검'합니다.

"이야, 우리 아들이 언제 이렇게 컸어? 초등학교 4학년이 되면 아빠보다 더 크겠네!"

그런데 말입니다. 혹시 우리 아빠들은 아이의 외적 성장에만 관심을 가지고 있는 것은 아닐까요? 키와 몸무게, 아니면 세상의 잣대

공감말

로 아이를 평가하는 각종 시험 점수로 말입니다. 하지만 외적 성장만큼이나 아이의 단단해진 내적 성장을 바라보는 것도 세상 무엇과도 바꿀 수 없는 아빠의 큰 기쁨입니다.

예전에 제가 아파서 심하게 앓아누운 적이 있습니다. 그저 감기몸살이었는데도 불구하고 평소와 달리 증상이 무척 심했습니다. 주중부터 시작된 몸살 때문에 토요일에는 아예 일어나지도 못할 정도가 되었죠. 때마침 아내는 중요한 선약이 있어서 외출을 하고 저는 어쩔 수 없이 막내딸과 단둘이 집에 있었습니다.

저는 약을 먹고 나름대로 휴식을 취하면서 누워 있었습니다. 그런데 평소 같으면 동물원에 놀러 가자고 보챘을 딸아이가 그날따라 얌전했습니다. 내심 다행이다 싶어 눈을 감고 잠시 잠이 들었습니다. 그러다 문득 이상한 느낌에 눈을 떠보니 딸아이가 저를 물끄러미 쳐다보고 있더군요. 게다가 제 이마에는 물에 듬뿍 적셔져서 베개로 물이 뚝뚝 흐르는 차가운 물수건이 놓여 있었습니다.

아이	"아빠, 괜찮아요?"
아빠	"응."
아이	"시원해요?"
아빠	"그럼. 고맙다."
아이	"더 해줄까요?"

5살 아이가 물수건을 제대로 짰겠습니까? 이러다가 베개를 온통 물로 젖게 하겠다는 생각이 들었습니다. 하지만 저는 이렇게 말했습니다.

"우리 딸밖에 없네. 그래, 부탁할게. 아빠가 금방 나을 것 같아."

아이는 걱정스러운 눈으로 물수건을 가져가더니 다시 물을 왕창 적셔왔습니다. 저는 마음속으로 '아이고, 큰일이다. 이러다 이불도 다 젖겠네'라고 생각했지만, 그래도 무척 행복했습니다.

저는 아이에게 고마움을 표현했습니다. 아이는 자신이 아빠에게 도움이 되었다는 생각에 무척이나 뿌듯해했죠.

이렇게 아이에게 고마움을 표시하고 대견함에 감동하는 '공감 말'은 아이 내면이 성장할 기회를 주는 것입니다. 아이는 항상 도움을 주는 부모님을 자신이 도울 수 있다는 사실에 무척이나 기뻐할 것입니다.

공감말

'공감말' Quiz

 학교 다닐 때 가장 싫어했던, 그러나 아빠이기에 꼭 해야 하는 복습

1. 다음 중 '공감말'로 적당한 것은 무엇인가? (   )

   가. "너를 생각해서 이렇게 말하는 거야."

   나. "아빠는 너를 믿어! 너는 내 아들이니까."

2. 아이가 이불에 소변을 봤다. 이때 당신이 아이에게 해줄 '공감말'은 무엇인가? (   )

   가. "아빠도 어렸을 때 이불에 오줌 싸서 많이 혼났어."

   나. "네가 몇 살인데 아직도 이불에 오줌을 싸니?"

   다. "왜 이불에다 오줌을 쌌는지 말해봐!"

3. 다음 중 '공감말'로 적절한 것에는 ○, 적절치 않은 것에는 ×를 해보시오.

   "내가 너를 얼마나 예뻐하는데!" (   )
   "내가 얼마나 힘들게 번 돈인 줄 알아?" (   )
   "네가 이걸 할 수 있다고 했으니, 아빠는 묵묵히 응원해줄게." (   )
   "아빠가 몸이 안 좋은데 동생 공부하는 거 봐줄래?" (   )

메모
다른 사람에게 말을 전하거나 자신의 기억을 돕기 위하여
짤막하게 글로 남김.

메모말
말이 아닌 글로 아이에게 아빠의 마음을 전하는 것.

아이에게 메시지로 사랑을 전하자

chapter 07

"메모말"

상처는 모래에 기록하고,
은혜는 대리석에 새겨라.
벤저민 프랭클린

메모말

생각하지 못하는
아이들

어느 시인이 해준 이야기가 생각납니다. 여름휴가 때가 되면 시골에 사는 그의 집에 친구들이 놀러 온다고 합니다. 친구들은 처음에 공기가 좋다느니, 바람이 시원하다느니 하면서 옥수수도 먹고 물장구도 치면서 즐거워합니다. 하지만 하루만 지나면 '뭐 재미있는 거 없나?' 하며 가만있지를 못한다고 합니다. 아무것도 하지 않고 지내는 방법을 모르는 거죠. 그 사람들을 보면서 시인은 이렇게 생각했다고 합니다.

"웃기고 있네."

도심의 탁한 공기와 극심한 경쟁을 피해 쉬는 그 잠깐의 시간조차 가만히 있지 못하고 재미를 찾아서 방황하는 현대인들. 가끔은 제 모습이기도 합니다.

우리 아빠들의 이런 모습을 보고 자란 아이들이라고 다를까요? 식당에 가 보세요. 앞에 맛있는 음식을 두고 아이는 스마트폰 게임을 하느라 정신이 없습니다(우스갯소리이긴 하지만 세상 모든 부모의 공공의 적 2명은 카카오톡을 만든 김범수 의장과 아이폰을 만든 애플 이사회 의장 스티브 잡스라고 하더군요). 아이들은 음식이 얼마나 맛있는지 생각할 여유도 없이 그냥 입에 넣습니다. 그러다 보니 맛이 있을 리가 없죠. 아니, 맛을 느낄 겨를이 없습니다.

제가 어릴 때만 해도 짜장면에 탕수육 하나면 온 신경이 먹을 것에 집중했던 기억이 납니다. 그런데 지금은요? 오랜만에 외식을 하는 토요일 저녁, 아이들의 눈과 귀는 온통 식당 TV에 정신이 팔려 있습니다. 하나에 온전히 집중하지 못하는, 생각할 시간이 없는 요즘 아이들입니다.

언제부터인가 우리 아이들은 생각할 수 없는 환경에 처하게 되었습니다. 고민이 있으면 포털사이트에 물어봅니다. 친구와의 대화는 '카톡'이나 '마이피플'로 하고, 수많은 곳에서 정보를 얻습니다. 온갖 정보의 홍수 속에 아이들의 마음에는 여유가 사라집니다. 하지만 아이에게 생각할 힘을 주는 정보가 아닌 '정크 정보(junk information)'가 대부분입니다. 아이들도 이제 '바쁘다!'라고 말하는 시대가 되었습니다. 참 슬픈 일이 아닐 수 없습니다.

메모말

　정신적 여유, 마음의 여유를 갖지 못한 아이들은 어른들이나 겪어야 할 '스트레스'에 시달립니다. 우리 아빠들은 이제 정보를 주입시키려고 하지 말고 아이들의 마음에 여유를, 정신적으로 휴식을 주는 말을 해야 합니다. 그것을 위해 필요한 아빠의 말, 아니 아빠의 글이 바로 '메모말'입니다.

포스트잇으로 대화하기

아이에게 하고 싶은 말이 있나요? 그런데 막상 하려니 쑥스럽다고요? 그럼 글로 써보는 것은 어떨까요? 아빠의 마음을 담은 간단한 메모를 아이와의 커뮤니케이션 도구로 활용해봅시다.

개인적으로 저는 '포스트잇'을 좋아합니다. 어느 회사의 제품명에 불과하지만 지금은 '일반명사'처럼 변해버린 단어, 포스트잇의 장점은 다음과 같습니다.

- 흔적 없이 제거할 수 있다.
- 다른 공간으로 쉽게 이동 가능하다.

- 분류와 통합이 쉽다.
- 다양한 모양이 있다.

저는 일단 포스트잇의 앙증맞은 크기가 마음에 듭니다. 그 작은 공간에 하고 싶은 말을 몇 개의 단어로 쓰는 게 좋더군요. 회사에서 업무적인 내용, 혹은 개인적인 일을 정리하고자 할 때 포스트잇에 적어 놓으면 마음이 편해집니다. 포스트잇에 적어놓은 일을 아직 안 끝냈으면 그냥 놔두면 되고, 끝났으면 버리면 되니까요. 참 편합니다.

또한 공간이 한정적이기 때문에 반드시 써야 할 말만 쓰게 되니 핵심을 파악하기도 쉽습니다. 색깔도 알록달록하고 크기도 다양해서 활용하기도 좋고요. 자, 이런 포스트잇을 아이와의 커뮤니케이션 도구로 이용합시다.

예를 들어볼게요. 아이에게 칭찬할 것이 있다면 다음과 같이 써서 아이의 책상 혹은 노트 겉면에 살짝 붙여봅시다.

> 오늘 더웠지?
> 시험 보느라 고생했네.
> 시험 끝나면 아빠랑
> 수영장 가자. 약속!

사실 그냥 말로 해도 되는 내용입니다. 하지만 아이에게 물어보니 격려와 칭찬을 포스트잇에 적어 '메모말'로 해주면 기분이 더 좋다고 합니다. 심지어 이 메모를 마치 '소셜커머스'의 쿠폰처럼 소중히 간직하기도 하더군요(물론 모두 아빠의 약속을 이행시키기 위함이었습니다).

아이에게 힘들고 슬픈 일이 있는 경우에도 '메모말'로 위로를 해주면 좋습니다. 포스트잇에 위로와 함께 아이에게 힘을 주는 말을 써주는 겁니다.

이렇듯 아이에게 하고 싶은 말을 글로 쓰면 보다 객관적으로 상황을 바라보게 되어서 꼭 해야 할 말만 하게 됩니다. 그래서 감정도 조절할 수 있습니다.

혹시 이런 경험 있으신지요? 아이가 시험을 망쳤습니다. 처음에는 위로를 해준다고 말을 시작했는데, 결국엔 화를 못 참고 아이에게 큰소리를 친 경험 말입니다.

아빠 괜찮아. 다음에 잘 보면 되지.

아이 네.

아빠 그런데, 70점은 너무했다.

아이 그래도 영철이보다는 제가 더 잘했어요.

아빠 뭐? 왜 영철이랑 비교를 해?

아이 …….

아빠 그런 애랑 같이 어울리니까 너도 그 모양이지!

메모말

아이   …….

아빠   앞으로 절대 그런 친구랑 만나지 마. 알았지? 한 번만 더 만나기만 해봐!

아이   …….

이럴 때 '메모말'로 해봅시다.

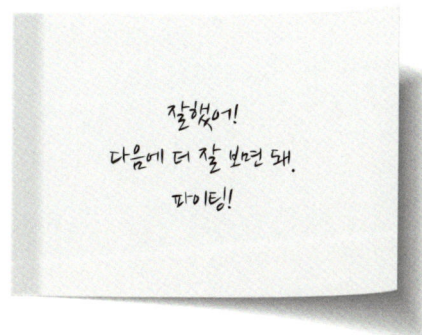

어떤가요? 아이가 참 좋아하지 않을까요? 아이는 간단명료한 아빠의 글에서 위로를 받을 것입니다.

아빠의 사랑이 담긴
메모지

'메모말'의 장점에 관해 더 알아볼까요? 우선 '메모말'은 편합니다. 편지가 아니라 메모이기 때문에, 말이 아니라 글이기 때문에 편하다는 말입니다. 꼭 문자 메시지와 같은 느낌이죠. 작은 포스트잇에 이왕이면 두꺼운 펜으로 글씨를 써보세요. 몇 글자 안 들어갑니다. 많이 써봐야 20자 내외일 겁니다. 이런 메모를 아이의 침대나 책상, 노트 등에 붙이세요. 아이는 아빠가 남긴 메모를 보고 뜻밖의 기쁨을 얻을 겁니다.

'메모말'은 말이 아니라 글이기 때문에 생각할 시간을 줍니다. 말과 글은 다르죠. 말은 즉흥적이다 보니 생각을 가다듬을 여유도 없

메모말

이 쉽게 내뱉어서 원치 않은 오해를 가져오기도 합니다. 하지만 글은 쓰면서 생각을 하게 됩니다.

게다가 아이는 아빠가 직접 쓴 글씨를 보며 아빠의 마음까지 읽으려고 노력할 겁니다. 단지 몇 마디의 짧은 글에 불과할지라도 손바닥보다 작은 포스트잇에 쓰여 있는 손글씨에서 아빠의 사랑을 느낍니다.

아이와 많은 말을 한다고 관계가 친밀하다는 판단은 좀 성급한 생각입니다. 아무리 정보가 많다고 한들 쓰레기 같은 정보만 난무하다면 오히려 불필요한 것처럼 아이와의 대화가 양적으로 많다고 늘 좋은 건 아닙니다. 대화는 양보다 질이니까요. 아이에게 삶의 여유를 주고 생각의 힘을 키워주는 '메모말'이 그 함축적인 역할을 해줍니다.

어느 위인의 어머니는 자식을 위해 몇 년 동안 매일 편지를 써서 보냈다고 합니다만, 우리 아빠들이 그러기에는 사실 시간도 별로 없고 쑥스럽기도 하지요. 그러니 짧게라도 메모를 해보자는 거예요.

사실 처음부터 글로 마음을 표현하는 건 쉽지 않습니다. 아이를 사랑하지만 막상 표현하려면 닭살부터 돋는 아빠들이 꽤 많은 걸로 알고 있어요. 예전 같으면 아이가 성장하면서 '알아서' 아빠의 깊은 속을 이해해야 한다고 우겨라도 보겠지만, 요즘엔 그랬다간 '0점 아빠'라는 소릴 듣는 세상입니다. 게다가 아빠들은 구차하게(!) 설명하는 데도 익숙하지 않습니다. 그렇다 보니 대화도 고작 아이의 잘못을 훈계하는 게 주(主)입니다. 하지만 '메모말'을 사용하면 이런 어려움이 사라집니다.

하루에 1분만 투자해서 메모를 작성하세요. 그래 봤자 고작 1분입니다. 혹시나 아이가 너무 많은 메모에 부담스러워한다면 하루 1장 정도의 메모만 써주세요.

모든 행동은 보통 21일간 반복·지속해야 습관으로 굳어진다고 합니다. 눈 딱 감고 3주 만이라도 매일 1장씩 메모를 써서 아이와 커뮤니케이션하겠다고 다짐해봅시다.

메모말

질문은 아이가
생각하게 만든다

'메모말'은 어떻게 해야 하는지 궁금하죠? 2가지만 기억하세요. 바로 '칭찬'과 '질문'입니다.

내용상으로는 칭찬의 말을 해주세요. 아이가 잘한 게 있다면 아낌없이 칭찬의 말을 쓰세요. 아빠의 칭찬이 담긴 '메모말'은 아이의 자존감을 일으켜 세우고, 도전하려는 아이에게 큰 힘이 될 겁니다.

그리고 형식은 질문형으로 해주세요. '메모말' 10개를 쓴다고 가정했을 때 그중에서 1~2개 정도는 '임팩트' 있는 질문 형식으로 쓰는 겁니다. 질문형 메모는 아이에게 많은 생각을 하게 만듭니다. 예를 들어볼게요.

위의 '메모말'을 질문 형식이 아닌 그냥 말로 해볼까요?

"로봇이 참 멋지던데!"
"잠을 일찍 자야 그 다음 날 친구들이랑 재미있게 놀지!"

어떤가요? 이렇게 질문이 없는 칭찬은 아이에게 스스로 생각할 시간이 따로 주어지지 않습니다. 따라서 아이에게 질문을 던지세요. 아빠의 질문에 답변을 하기 위해 아이는 생각을 하게 될 것입니다.
앞으로는 '명상'이 필요한 시대입니다. 명상은 스스로 생각하는 시간을 갖게 합니다. 우리 아이가 명상은 아니더라도 최소한 자신과 주변 상황에 대해 생각하는 시간을 갖게 하기 위해서 아빠의 칭찬과 질문이 담긴 '메모말'이 필요합니다. 아빠의 메모를 보면서 아이는 아빠와 새로운 도구로 새로운 형식의 대화를 하게 되는 것입니다. 그러면서 아이는 자연스럽게 새로운 대화법을 배우게 되고,

메모말

그것은 아이가 친구들과 인간관계를 긴밀하게 맺어가는 데 도움이 될 것입니다. 우리 아이들이 '메모말'을 통해 생각의 크기도 자라고, 마음의 크기도 성장했으면 좋겠습니다.

'메모말' Tip Ⅰ
더욱 칭찬하라

말은 흘러가지만, 글자는 남습니다. 그렇기 때문에 글을 쓸 때는 주의해야 할 것이 하나 있습니다. 다음을 기억하세요.

1. 좋은 것만 쓴다.
2. 나쁜 것은 쓰지 않는다.

간단하죠? 한마디로 좋은 이야기만 '메모말'의 가치가 있다는 겁니다. 다음을 비교해보세요.

차이점이 느껴지나요? 똑같은 뜻이지만 굳이 기억하고 싶지 않은 것을 다시 생각나게 하지 말아야 합니다. "아쉽다", "실패했지만", "화가 나지?" 등의 말을 '메모말'로 사용하지 마세요. '메모말'의 핵심을 '과격하게' 표현하면 다음과 같습니다.

"사소해도 좋으니 아이의 잘난 것을 찾아내서 칭찬하고 또 칭찬하라!"

'메모말' Tip Ⅱ
SNS를 이용하라

페이스북이나 카카오스토리 등 SNS 서비스를 이용하는 아빠들을 위한 방법입니다. '메모말'을 이런 SNS 서비스에 올리는 건 어떨까요? 즉 매일매일 아이에게 칭찬해주는 말을 3줄 이내로 적어서 올리는 겁니다. 이런 것이 모이면 '아빠표 육아일기'가 되겠죠. 또 아이가 컸을 때 우리 아빠들이 얼마나 아이를 사랑했는지 그 '증거'를 보여줄 수도 있을 테고요.

아빠를 위한 추천 '메모말'

'메모말'은 아빠의 사랑을 보여주는 가장 좋은 커뮤니케이션입니다. 그럼에도 불구하고 여전히 '메모말'을 어떻게 시작해야 할지, 어떤 내용을 써야 할지 막막한 아빠들이 있을 겁니다. 가끔은 아이들과 대화하는 것만으로도 버거운데 글까지 써야 한다니, 참 부담스러울 겁니다. 그런 아빠들을 위해 상황별 '메모말'을 안내할까 합니다.

- 아이에게 힘을 주는 '메모말'

"아빠는 누구보다도 너를 믿는단다."

"주말에도 받아쓰기 공부하느라 힘들었지? 열심히 노력하는 모습에 아빠는 놀랐단다. 힘내자!"

"아빠는 네가 잘할 수 있다고 믿는다. 그렇지?"

- 친구와 싸워 기분이 안 좋은 아이에게 하는 '메모말'

"속상하지? 아빠도 마음이 아프다. 하지만 먼저 친구에게 화해의 손을 내밀어 봐. 그게 용기란다."

"친구의 말에 귀를 기울여보렴. 친구도 너에게 하고 싶은 말이 있지 않을까?"

"누가 네 마음을 아프게 했나 보구나. 기운 내."

- 공부를 열심히 하도록 격려하는 '메모말'

"시험이 어려웠지? 걱정하지 마. 다음에는 더 잘 볼 수 있을 거야. 아빠가 도와줄게."

"저녁에 게임도 안 하고 공부했다면서? 정말 우리 아들 대견하다!"

"열심히 공부하는 것을 보니 아빠 기분이 정말 좋다."

"무슨 과목이 제일 어렵니? 같이 고민해보자."

- 시험을 앞둔 아이에게 하는 '메모말'

"옷 따뜻하게 입고 학교에 가. 최선을 다한 만큼 좋은 결과 있을 거야."

메모말

"있는 그대로의 네 실력을 보여주면 돼. 아빠는 지금까지 너의 모습으로도 만족한단다."

"시험은 네 실력을 확인하는 거야. 부족한 부분은 열심히 보충하자!"

● 용기를 주는 '메모말'

"지금까지도 잘했고 앞으로도 잘할 수 있어. 힘내!"

"힘들었지? 아빠에게 말해줘서 고맙다. 아빠가 이제 도와줄게."

"넌 누구보다도 건강해. 힘도 세고. 아빠는 너를 못 이기겠어!"

● 아이에게 사랑을 전하는 '메모말'

"엄마, 아빠는 우리 ○○가 정말 예쁘단다. 누구보다도 소중해!"

"아빠는 ○○가 아주 많이 자랑스럽다. 멋지다."

"너는 우리 집의 보물이야."

● 아이가 잘못했을 때 하는 '메모말'

"아빠도 마음이 아프다. 이제 큰소리 내지 않을게. ○○도 조금만 조심해줄래?"

"학교에 가고 싶어도 가지 못하는 아이들이 세상에는 정말 많단다. 기억하길 바랄게."

"엄마도 네가 미워서 혼낸 게 아니란다. 얼마나 엄마가 ○○를 사랑하는데."

'메모말' Quiz

학교 다닐 때 가장 싫어했던, 그러나 아빠이기에 꼭 해야 하는 복습

1. 포스트잇 등 메모지를 이용한 '메모말'로 올바른 것은 '가'와 '나' 중 어느 것인가? (   )

   가. "시험 잘 봤지? 100점 맞았을 거야. 시험 점수 나오면 약속대로 수영장에 가자."

   나. "오늘 더웠지? 시험 보느라 고생했네. 시험 끝나면 아빠랑 수영장에 가자. 약속!"

2. 포스트잇 등 메모지를 이용한 '메모말'로 올바른 것은 '가'와 '나' 중 어느 것인가? (   )

   가. "아쉽다. 하지만 우리 아들 힘내라. 다음에는 1등 하자! 파이팅!"

   나. "잘했어! 우리 아들 힘내라. 다음에는 1등 하자! 파이팅!"

3. 자고 있는 당신의 아이에게 포스트잇 등 메모지를 이용한 '메모말'을 한다고 해보자. 다음 상황별로 적절한 '메모말'을 하나씩 적어보라. (주관식)

   아이에게 힘을 주는 '메모말'

메모말

친구와 싸워 기분이 안 좋은
아이에게 하는 '메모말'

공부를 열심히 하도록
격려하는 '메모말'

시험을 앞둔
아이에게 하는 '메모말'

용기를 주는 '메모말'

아이에게 사랑을 전하는
'메모말'

아이가 잘못했을 때 하는
'메모말'

식사
아침이나 점심, 저녁과 같이 일정한 시간에 음식을 먹음.

식사말
음식을 함께 먹으면서 아이에게 해야 하는 아빠의 말.

함께 밥을 먹자
먹으면서 칭찬하자

chapter 08

"식사말"

자신의 아이를 정확히 아는 아빠가
현명한 아빠다.
윌리엄 셰익스피어

가족의 식탁
vs 인터넷 식탁

한 가족이 모여 도란도란 식사하는 모습은 늘 정겹습니다. 그런데 이렇게 가족이 모여 밥을 먹을 수 있는 자리, 즉 '가족의 식탁'이 위협받고 있다는 걸 알고 있나요? 누가 위협하느냐고요? 바로 '인터넷 식탁'입니다. 20만 명도 넘는 사람들이 가족이 아니라 '인터넷'과 식사를 합니다. 이것이 우리가 살고 있는 대한민국에서 요즘 벌어지고 있는 일입니다.

학교 앞 원룸에서 혼자 사는 대학생 ○○○ 씨(22세)는 거의 매일 저녁 습관적으로 컴퓨터 모니터를 켜고 화면을 응시한다. 밥을 먹기 위해서다. 밥과 모니터가 무슨 관계일까? 이씨는 태연하게 답했다. "먹방 보면서 밥 먹으려고요." 먹방이란 '먹는 방송'의 줄임말로, 인터넷 개인방송국 BJ(방송 진행자 · Broadcasting Jockey)가 음식 먹는 모습을 보여주는 방송이다. "같이 밥 먹는 기분을 느낄 수 있거든요. 실시간으로 먹방을 보면서 나도 같이 먹으면, 혼자 먹는 것 같지 않아서 좋아요." 그에게는 BJ가 일종의 밥 친구(밥을 함께 먹는 친구)인 셈이다. 메뉴도 먹방에서 등장하는 것으로 통일한다. '치킨 먹방'을 볼 땐 통닭을 배달시켜 먹는 식이다.

(〈조선일보〉, 2013년 9월 14일 자)

이것이 당신 아이에게도 해당할 수 있는 일입니다. 한번 생각해봅시다. 당신의 아이가 중학교 2학년이 되었습니다. 그리고 지금은 일요일 저녁, 밥을 먹을 시간입니다. 아내가 정성 들여 저녁을 차리자 아이가 밥과 국을 들고 자기 방으로 들어갑니다. 그리고는 노트북을 켜고 인터넷 개인방송국에 접속해 '먹는 방송' 프로그램을 봅니다. 방송 진행자가 치킨, 피자, 떡볶이 등을 앞에 두고 먹기 시작하자 당신의 아이도 노트북 화면을 보면서 밥과 국을 먹습니다. 게다가 방송 진행자가 농담을 하면 아이는 웃고, 퀴즈를 내면 밥 먹다 말고 키보드를 눌러 답을 보내기도 합니다. 아이는 엄마, 아빠와 밥을 먹지 않습니다. 아이는 노트북과 밥을 먹습니다. 이렇게 '가족의 식탁'은 '인터넷 식탁'에 자리를 내줍니다.

식사말

아이뿐만이 아닙니다. 아이는 공부방에서, 아빠는 서재에서, 엄마는 안방에서 각자 노트북 화면을 보며 마음에 드는 방송 진행자와 밥을 먹게 될지도 모릅니다. 과연 우리는 무엇을 잃어가고 있는 걸까요?

아빠의 밥상머리를 먼저 반성한다

우리가 '인터넷 식탁'에 자리를 빼앗기지 않기 위해서는 어떻게 해야 할까요? 방법은 아주 단순합니다.

"밥 먹을 때 아이와 말하라!"

뻔한 이야기이지만, 당연한 이 말을 제가 왜 강조할까요?

지금이 일요일 오후 5시라고 해보죠. 당신은 1시간 후에 아내가 차려준 밥을 먹게 됩니다. 아이는 자기 방에서 무엇을 하는지 모르게 조용하고요. 일요일이 지나가는 우울한 기분을 달래기 위해 당신은 TV를 봅니다. 1시간이 지나자 아내가 "식사하세요" 하며 부릅니다. 당신과 아내, 그리고 아이, 이렇게 한 가족이 모여 밥을 먹습니다.

이제 당신에게 묻겠습니다. 당신은 식사 시간에 아이와 잘 대화하고 있었나요? 혹시 이렇게 하고 있지는 않았는가요?

- 거실에는 TV가 켜져 있다. 당신, 아내, 아이가 TV를 보면서 밥을 먹는다.
- 아내가 아이와 대화하는 동안 당신은 스마트폰으로 프로야구 중계만 본다.
- 아이가 당신에게 질문을 했지만 당신은 '카톡'을 하느라 아이의 말에 대답하기 귀찮다.

당신, 아니 우리 대한민국 아빠들의 '식사말' 점수는 몇 점일까요? 바로 '0점'입니다.

식사말

우리는
한국형 기러기 아빠다

　가족은 '식구'입니다. 식구(食口)란 입을 크게 벌려 함께 먹는다는 뜻입니다. 따라서 가족과 함께 밥을 먹지 않는 아빠는 식구가 아니라고 생각합니다.

　신문에서 본 이야기입니다. 대학생 딸과 고등학생 아들을 둔 어느 가장은 가훈을 '같이 밥 먹자'로 정했습니다. 이분은 적어도 하루 1~2끼는 식구들과 함께 밥을 먹어야 한다고 생각한답니다. 그게 바로 가족이라고 하시더라고요. 저는 이분의 생각에 동의합니다. 한편으로는 그분이 부럽다는 마음까지 듭니다.

　사실 회사에 다니는 아빠라면 저녁 식사를 아이와 함께한다는 것이 거의 불가능합니다. 6시 퇴근이라고 하지만 이런저런 잔업과 교통체증에 시달리다 보면 보통 8시에 집에 도착합니다. 야근과 회식이라도 하면 밤 10시가 훌쩍 넘죠. 아이가 일어나기 전에 출근하여 아이가 잠든 시간에 퇴근하는 대한민국 회사원 아빠들, 혹시 우리는 '한국형 기러기 아빠'가 아닐까요? 매일매일 가족과 이별하는 우리는 아빠의 자리를 잘 지키고 있는 걸까요?

　어떻게 해서든지 매일매일 가족과 저녁 식사를 하려고 노력하는 아빠도 있습니다. 다음을 보시죠.

맞벌이하는 △△ 약품 ○○○(39세) 과장 부부는 올 초 가족 식사 원칙을 세웠다. 출근 시간이 제각각이어서 아침은 함께할 수 없지만 저녁만큼은 딸 ☆☆ 양(6세)과 먹기로 한 것이다. 할머니가 돌보는 ☆☆는 지난해까진 부부가 출근하는 주중엔 주로 혼자 저녁을 먹었다. 김씨 부부의 퇴근 시간은 오후 7~8시. 그때까지 어린 딸을 기다리게 할 순 없었다. 고민 끝에 방법을 찾았다. 아이가 배고프다고 하면 간단한 간식을 주고 기다리게 했다. 그러곤 온 가족이 모였을 때 함께 저녁 식사를 했다. 밥상머리 교육을 실천한 것이다. 거창하게 변한 건 없다. 하지만 소소한 변화들이 놀라웠다. 김씨는 어느 순간 딸이 엄마, 아빠를 이해하기 시작했다는 생각이 들었다. 딸의 생각도 잘 알게 됐다고 했다.

(〈중앙일보〉, 2013년 6월 8일 자)

이렇듯 아이와 함께 밥을 먹으며 대화를 나누다 보면 아이에 대하여 많은 것을 알게 될 겁니다. 그러면서 아이가 무슨 생각을 하는지도 알게 되고, 더 나아가 아이가 무엇을 좋아하고 싫어하는지 깨닫게 됩니다. 그러면서 아빠는 아이와의 거리를 점점 좁힐 수 있습니다.

식사말

아이가 커가는 것을 관찰하라

아빠는 아이에게 인생의 장애물을 넘을 수 있게 도와주는 '코치'가 되어야 합니다. 아빠가 아이의 멋진 코치가 되기 위해서는 아이에 대한 관찰부터 시작해야 합니다.

그렇다면 언제 아이를 관찰하고, 아이와 관심사를 공유하며, 아이에게 칭찬과 조언을 해줄 수 있을까요? 바로 식사 시간입니다. 아이와 함께 밥을 먹으며 아이를 관찰하십시오. 아이가 좋아하는 것을 물어보고, 최근에 힘들었던 일에 관해서도 알아내세요.

이렇게 아이에 대해 진심으로 관심을 가지고 지켜보다 보면 저절로 아이에 대해 알게 될 겁니다.

요즘 아이들은 정말 빠르게 자랍니다. 그러면서 아빠와의 관계를 어떻게 정립해야 하는지에 관해서도 아이 나름대로 기준을 세우죠. 어쩌면 우리 아빠들은 이미 아이에게 '나쁜 아빠'로 낙인이 찍혔을 지도 모릅니다.

한번 아이에게 세심하게 물어보세요. 그저 "요즘 재미있는 게 뭐니?"라고 물어보지 말고, "요즘 로봇을 많이 가지고 놀던데, 네가 가장 좋아하는 로봇이 뭐니?"라고 물어봐야 합니다. 이런 대화를 할 수 있는 최고의 시간과 공간이 바로 식사 시간이라는 것을 다시 한 번 강조합니다. 이때 해야 하는 말이 바로 '식사말'입니다.

'식사말'이 아이의 성적을 올린다

아이에게도 우울증이 생긴다고 합니다. 처음에 저는 이 말을 듣고 무슨 말인가 싶었습니다. 제가 어렸을 때만 해도 우울증은 어른들만 겪는 줄 알았습니다. 그런데 요즘엔 청소년에게도, 초등학생 아이들에게도 우울증이 생긴다는 황당한 이야기가 들려옵니다. 어려서부터 공부는 물론이고, 이제는 외모까지 갖춰야 한다는 사회 분위기가 우리 아이들을 이렇게 만든 것은 아닐까요?

이런 우울증은 어떻게 예방할 수 있을까요? 아이에게 '식사말'을 하세요. 최근에 '가족과 자주 식사를 하면 아이의 우울 성향을 낮춘다'는 신문 기사를 봤습니다.

> 김대현 계명대 의대 가정의학과 교수는 "2010년 대구 시내 1개 초등학교 5~6학년 학생 162명을 대상으로 소아 우울척도를 조사한 결과 부모와의 식사 횟수가 많은 아이의 우울 성향이 유의하게 낮았다"고 밝혔다. 이 연구 결과는 가정의학회지 영문판 최근호에 게재됐다. 김 교수는 "여러 가지 설문 항목의 답변을 분석해보니 식사 중 대화가 많고 분위기가 좋은 경우, 가족기능지수가 높고 우울척도는 낮게 나왔다"면서 "그러나 가족의 특성, 식사 인원, 식사 시간, 식사 중 TV 시청 등 다른 항목에서는 통계적으로 큰 차이가 없었다"고 설명했다.
>
> (〈경향신문〉, 2013년 6월 20일 자)

이렇듯 아이는 가정, 학교 등의 환경으로부터 우울증을 비롯한 정서장애의 요인과 마주치게 되는데, 엄마나 아빠 등 가족 구성원과 친밀해지면 우울, 불안에서 벗어날 수 있습니다. 결국 부모와 자녀의 의사소통 부족이 아이의 우울증과 밀접한 관련이 있다는 겁니다.

또한 '식사말'이 아이의 성적과도 밀접한 관계가 있습니다.

일본 아키타현은 일본에서 평균 소득과 취업률 등 경제력이 최하위 수준인 지역이었다고 합니다. 40여 년 전에는 일본 전국학력평가시험에서 전체 45개 지역 중 43위를 차지할 정도였죠. 경제력도, 학력도 최하위권인 '그저 그런' 지역이었습니다.

그런데 갑자기 2007~2009년 전국학력평가에서 내리 1위를 차지하며 이곳이 유명해지기 시작했습니다. 그러자 많은 사람이 이곳에 관해 연구하기 시작합니다. 가히 '교육 혁명'이라고 할 만한 이곳의 변화는 '당연한 것을 당연하게 하고, 기초 생활 습관에 충실하자'는 확고한 교육 철학 때문이었습니다. 노트 필기 방법, 팀 티칭 수업 등의 교육 방법도 무척 인상 깊었지만, 무엇보다 학생들이 가족과 함께 식사하는 빈도가 매우 높았다는 보도가 제 눈을 확 끌었습니다. 또한 가족이 함께 식사하는 횟수와 자녀들의 담배, 술, 약물 의존도가 반비례한다는 연구 결과도 있습니다.

이렇듯 우리 아빠들은 '식사말'을 통해 아이에게 정서적인 안정감을 주어야 합니다. 정서적으로 안정된 아이는 불안감이 감소하여 사람들과도 원활한 상호작용을 하게 되고, 그럼으로써 다른 사람을 배려하는 아이로 자라나게 될 것입니다.

식사말

일주일에
1시간이면 충분하다

아빠들에게 육아에 관해 많은 것을 요구하지 않겠습니다. 매일 저녁 식사를 가족과 함께하라는 '원대한' 제안도 하지 않겠습니다. 그 대신 2가지만 노력해봅시다. 딱 2가지입니다.

1. 일주일에 두 번 이상 가족들과 함께 식사하며 아이와 대화한다.
2. 식사 자리에서 아이와 대화할 때는 무조건 칭찬만 한다.

일주일에 딱 두 번, 그 시간만큼은 아이와 대화를 즐기겠다고 다짐합시다. 식사 시간을 30분이라고 한다면, 일주일에 고작 1시간입니다. 그것도 어렵다면 지금 이 책을 덮으세요.

사실 저 역시 아이와 제대로 대화한 기억이 별로 없었습니다. 게다가 막상 아이와 대화하려다 보면 할 말도 별로 없었음을 고백합니다. 그러니 우리 아빠들, 따로 시간을 내서 아이에게 '멋진 말'을 해주려고 굳이 애쓰지 마세요. 일단 '식사말'부터 시작해봅시다. 그 어떤 말이라도 괜찮습니다.

"밥은 맛있니?"
"학교생활은 어때?"
"동생하고 잘 지내니?"

처음에는 아이들에게 한 마디 하는 것도 어색합니다. 그래도 짧고 간단하게라도 말해보면 어느 순간 아이와 이런저런 이야기를 하고 있는 자신의 모습을 발견할 겁니다.

초등학교 저학년 아이는 대체적으로 아빠에게 전화를 많이 하려고 합니다. 혹시 그거 아시나요? 아이가 아빠의 목소리를 듣고 싶어 하는 바로 그 순간이 아빠의 최고 전성기라는 사실을 말입니다. 이때 더 늦기 전에 아이와 많이 대화하며 추억을 쌓아야 합니다. 그렇지 않으면 아이에게 아빠의 존재감은 그리 오래가지 못할 겁니다. 아이가 어느 순간 이런 말을 한다면 얼마나 슬프겠습니까?

"엄마와 아빠만 다녀오세요. 저는 그냥 집에 있을래요."
"아빠? 전 별로 안 보고 싶어요."

아이와 일주일에 단 하루라도 같이 밥을 먹지 않은 아빠들은 반성합시다. 아이와 같이 식탁에 앉았지만 아무런 대화가 없었던 아빠들도 반성합시다. 아이와의 대화 단절은 곧 아빠의 존재감이 사라진다는 뜻이며, 아이와의 관계에 위협받는 것입니다. 이러한 것을 극복하는 말이 바로 '식사말'입니다. 일주일에 두 번이면 충분합니다.

아이의 능력을 깨우는 칭찬

밥을 먹으면서 아이에게 이래라저래라 하는 것은 '식사말'이 아닙니다. 혹시 다음과 같은 대화에 익숙하지 않나요?

아빠 어제 시험 봤다면서?

아이 네.

아빠 몇 점 맞았니?

아이 70점이요.

아빠 (아내에게) 도대체 얘 공부를 시킨 거야? 안 시킨 거야?

아이 …….

식사말

이러면 아이는 밥 먹다 체하고 말 겁니다.

작고(作故)한 개그맨 김형곤 씨가 한 말이 기억납니다. 그는 어릴 때 식사 시간이 무척 괴로웠답니다. 군인이었던 아버지가 식사 시간에 엄하게 꾸짖는 경우가 많았기 때문이죠. 그 소리가 듣기 싫어서 밥을 빨리 먹다 보니 살이 찌게 되었다고 합니다. 진위(眞僞)를 떠나서 영 틀린 말은 아니라고 생각합니다.

'식사말'을 할 때는 칭찬이 기본이 되어야 합니다. 그리고 되도록 좋은 말만 해주려고 노력합니다. 아이가 재미있는 말을 하면 "밥알 튀어, 이 자식아. 어서 밥이나 먹어!"라고 면박하지 말고 소위 '오버액션'을 하면서라도 "와, 정말 웃기다. 그거 누구에게 들은 거니? 또 다른 재미있는 얘기는 없니?"라고 말하는 건 어떨까요?

칭찬은 고래도 춤추게 한다

그렇다면 왜 식사 시간에 아이에게 칭찬을 해야 할까요? 그건 바로 칭찬은 아이가 가진 능력을 깨워주기 때문입니다.

혹시 '피그말리온 효과(Pygmalion effect)'라는 말을 들어본 적 있나요? 누군가의 기대나 관심으로 인해서 능률이 오르는 긍정적인 현상을 뜻하는 말입니다.

피그말리온이라는 조각가가 살았다. 조국이 전쟁에서 지고, 많은 여인들이 부정한 행동을 하는 것을 본 그는 여성들을 혐오하게 된다. 결혼하지 않고 한평생 독신으로 살 것을 결심한다. 하지만 외로움과 여성에 대한 그리움 때문에 아무런 결점이 없는 완벽하고 아름다운 여인을 조각하여 함께 지내기로 했다. 한자리에 꼼짝 않고 서 있는 조각상이 부정하지 않고 순결한 여인이라고 생각하고, 깊은 사랑에 빠지게 된다. 피그말리온의 지극한 사랑에 감복한 아프로디테는 신에게 빌었다. 조각상이 진짜 살아 있는 여인이 되어 자신의 배필이 되게 해 달라고. 피그말리온의 기도를 들은 신은 피그말리온의 사랑에 감동하여 조각상을 사람으로 환생시켜 주었다. 그리고 이 피그말리온의 신화에서 비롯된 것이 바로 '피그말리온 효과'다. '피그말리온 효과'란 누구나 타인의 기대감이나 관심을 받으면 바람직한 방향으로 바뀌는 효과를 말한다. 칭찬은 타인에게 기대감과 관심을 주는 최고의 커뮤니케이션이다. 사람은 누구나 칭찬을 받고 싶어한다. 칭찬받고 싶어한다는 의미 속에는 우리 사회에서 칭찬받는다는 것이 말처럼 쉽지 않다는 역설을 포함한다. 어느 심리학자는 이렇게 말했다고 한다. "우리의 가능성에 비하면, 우리는 반만 깨어 있다. 절반밖에 깨어 있지 않다. 우리의 육체적 정신적 능력의 일부만을 사용하고 있을 뿐이다."

(김범준,《약이 되는 칭찬, 독이 되는 칭찬》, 현문미디어, 2013)

식사말

잠자고 있는 아이의 가능성을 깨우고 싶다면 지금 바로 아이를 칭찬하세요. 아이가 최대한의 능력을 발휘할 수 있도록 도와주는 게 바로 칭찬입니다.

"어제 받아쓰기 1개 틀렸다면서? 잘했어!"
"야, 이제 당근도 잘 먹네? 키가 쑥쑥 크겠는데?"
"열심히 공부하는 모습이 보기 좋구나. 아빠가 무엇을 도와줄까?"

아이에게 이렇게 칭찬을 하면 식사 시간이 즐거워지고, 아이는 몸과 마음이 건강하게 자랄 것입니다.

연기자이자 작가인 명로진 역시 자신의 책에서 이렇게 말했습니다.

가까운 사이일수록 장점을 더 많이 보는 것 같지만 실제로는 반대인 경우가 많다고 합니다. 가족끼리는 숨기고 꾸미고 할 필요가 없어서 단점이 잘 드러납니다. 아이를 사랑하므로 그 단점을 애써 무시하려곤 하지만, 냉정한 마음으로 지켜보면 부모의 기대에 차지 않는 부분이 드러나곤 합니다. 아이가 가진 단점은, 집 밖에서 늘 지적받게 마련입니다. 그러니 집 안에서는 되도록 장점을 말해주고 칭찬해주었으면 좋겠습니다. 아이의 부족한 부분을 성급하게 고치려 든다면 오히려 아이에게 상처를 줄 수도 있습니다. 늘 넉넉한 마음으로 아이의 장점을 먼저 찾아주고 확장시켜 준다면, 아이는 단점을 극복하고 자존감을 가진 행복한 아이로 자라날 것입니다.

(명로진,《아이와 꼭 함께하고 싶은 45가지》, 북스토리, 2011)

이렇듯 '식사말'은 아이의 단점을 드러내는 시간이 되어서는 안 됩니다. 아이의 장점을 찾아 말해주고 격려하며 칭찬하는 즐거운 시간이 아이에게 행복감을 안겨줄 것입니다.

식사말

아빠는 너보다 더 못했어!

우리 아빠들, 아이와 대화할 시간이 적다 보니 아이가 좋아하는 것이 무엇인지 몰라 할 말이라곤 고작 아이의 성적 이야기밖에 없는 경우가 많습니다. 그것도 식사 시간에 말입니다. 물론 이렇게 말할 수 있는 아빠라면 별문제가 없습니다.

아빠 오늘 받아쓰기 시험 못 봤다면서?
아이 네.
아빠 괜찮아. 다음에 잘 볼 수 있을 거야.
아이 네. 다음부터는 잘할게요.

'이상적인 가정'을 배경으로 한 아빠와 아이의 대화입니다. 하지만 대한민국 표준의 '일반적인' 가정이라면 이런 말이 오고 갈지도 모릅니다.

아빠   오늘 받아쓰기 시험 못 봤다면서?
아이   네.
아빠   점수가 도대체 이게 뭐야?
아이   …….

행복하게 밥을 먹어야 하는 시간에 꾸중을 들은 아이의 마음이 과연 편할까요? 서둘러 밥을 먹고 방에 들어가고 싶을 겁니다. 물론 아빠와는 두 번 다시 대화하기 싫을 테고요.
아빠가 할 수 있는 대화로 적당한 예는 다음과 같습니다.

아빠   오늘 받아쓰기 시험 못 봤다면서?
아이   네.
아빠   그랬구나. 아빠도 초등학교 다닐 때는 받아쓰기가 가장 어려웠어.
아이   정말요?
아빠   그럼, 잘 못해서 손바닥도 여러 번 맞았지.
아이   아팠죠?
아빠   물론 아팠지. 그래도 몇 번씩 연습하다 보니 결국 100점을 맞게

식사말

되더라고.

아이 그래요? 그래도 100점 맞기는 힘들어요.

아빠 열심히 노력하면 분명히 100점 맞을 수 있을 거야.

이렇게 아이에게 상처를 주는 말보다 상처받은 마음을 회복시키는 말을 했으면 합니다. 밥 먹는 자리에서만이라도 말입니다.

우리 아이들, 어쩌면 우리도 모르게 세상으로부터 차츰 상처받는 일에 익숙해지고 있는지도 모릅니다. 그런데 우리 아빠들까지 아이 마음에 상처를 주면 되겠습니까? 아이에게 서운한 점을 말하려고 애를 쓰지 마세요. 아이에게 상처를 주지도 말고, 상처를 치료해주도록 노력합시다. 앞으로는 아이에게 이렇게 말해주세요.

"아빠는 너보다 더 못했어!"
"아빠도 예전에 힘들었어."
"아빠도 구구단 외우기가 얼마나 귀찮았는데!"
"아빠는 그런 건 생각도 못 했는데, 어떻게 알아낸 거야?"

아빠인 당신이 잘 못했던 것을 말해주고, 그것을 어떻게 극복했는지 아이에게 말해주세요. 아빠도 한때는 고민과 시련이 많았던 사람이었음을 말할 수 있어야 합니다. 그러면 아이는 '나도 아빠처럼 할 수 있을 거야!'라고 다짐하며 다시 한 번 힘을 낼 겁니다.

성공한 리더는 자신의 실패담을 잘 말하는 사람이라고 합니다. 잘난 척은 누구나 잘합니다. 하지만 자신의 실패를 겸손하게, 그러나 당당하게 말하는 사람이야말로 리더가 될 자격이 있습니다.

아이가 하고자 하는 일에 성공하기 위해서는 수많은 실패의 슬픔을 경험한 아빠의 격려가 큰 힘이 됩니다. 마음에 상처를 입은 아이를 따뜻하게 위로해주는 아빠가 되었으면 합니다.

아이들은 이제 세상에 나갈 준비를 하고 있습니다. 앞으로 수많은 장애물과 마주칠 겁니다. 그 장애물을 넘으려고 애쓰는 아이에게 아빠까지 '피곤한 장애물'이 되지 않기를 바랍니다. 아빠는 아이가 장애물이란 벽을 넘을 수 있도록 도와주는 사다리가 되어야 합니다. 그러기 위해서는 아이의 마음을 이해하는 것이 먼저겠죠.

식사 시간에도
가끔은 '위로'가 필요하다

간만에 아내, 아이와 함께 식사를 하려고 합니다. 그런데 분위기가 영 아닙니다. 피자를 먹자는 아이와 콩나물국에 밥을 먹자는 아내가 대립을 하고 있거든요. 아이는 울상이고 아내는 씩씩댑니다. 솔직히 이럴 때 우리 아빠들, 혹은 우리 남편들은 이렇게 말하고 싶습니다.

식사말

아빠 네가 배가 불렀구나? 배고파서 쫄쫄 굶는 아프리카 아이들 못 봤어?

아이 …….

남편 그냥 피자 시켜주지. 뭐 그런 걸로 식사 분위기를 안 좋게 만드는 거야?

아내 …….

아빠, 그리고 남편으로서 잘했다고 볼 수 있는 걸까요? 이에 관해 평가를 내리기 전에 제가 먼저 반성해야겠습니다. 제가 이랬거든요. 괜히 아프리카 아이들을 들먹이며 아이에게 훈계하는 아빠로서의 나, 식사할 때 도와주지는 못할지언정 고생한 아내를 타박하는 남편으로서의 나, 모두 '꽝'입니다.

이럴 때는 2가지 방법이 있습니다. 가장 좋은 방법은(솔직히 '좋은' 방법이기보다 '쉬운' 방법은) '어서', '조용히' 밥을 먹고 모른 척 거실 소파에 누워 TV를 크게 틀어놓는 겁니다. 아이가 좋아하는 가수가 나오면 아이의 시선을 돌리기 위해 노래를 따라 하고, 아내가 좋아하는 드라마가 나오면 아내의 시선을 돌리기 위해 슬며시 TV 볼륨을 크게 높이는 겁니다. 괜히 참견한다고 이런저런 말을 꺼내봤자 어차피 분위기 파악 못 하는 무식한 아빠, 남편이라고 핀잔을 들을 수 있으니 소극적이고 조금은 비겁한 방법으로 TV 등의 매체를 빌리는 거죠. 물론 저는 이런 방법을 절대 '적극 추천'하지 않습니다.

저는 다음의 방법을 권합니다. 아주 간단해요. 아내와 아이, 모두에게 '위로'의 말을 하면 됩니다. 위로는 어떻게 시작하는 걸까요? 화, 혹은 분노의 원인을 파악해서 공감해주면 됩니다.

아빠   피자가 먹고 싶었는데 많이 속상하겠구나.
아이   네.

남편   이제는 우리 애가 밥도 잘 먹어야 할 텐데. 당신, 걱정이 많지?
아내   그러게 말이에요.

자, 이제 문제는 해결되었습니다. 이게 무슨 소리냐고요? 한번 해보면 압니다. 이렇게 '위로'를 해주면 그 이후에 대화는 술술 풀릴 테니까요.

아이와 아내 모두 화가 나 있는 상황에서 섣불리 누가 잘못했고 잘했는지 판단을 내리지 마세요. 그저 '한 박자 쉬고' 아이와 아내가 답답한 이유에 대해 공감해주면 됩니다. 아이와의 대화는 이렇게 진행될 겁니다.

아빠   피자가 먹고 싶었는데 많이 속상하겠구나.
아이   네.

식사말

아빠	오늘은 엄마가 차려준 맛있는 밥을 먹고, 피자는 언제 먹을지 같이 생각해보자.
아이	지금 먹고 싶어요. 지금!
아빠	지금? (살짝 윙크를 하며) 참을성 좋은 우리 아들, 오늘은 참을 수 있지?
아이	…….
아빠	그 대신 다음 주말에는 아빠하고 꼭 둘이 피자 먹으러 가자. 아빠하고 약속!
아이	네. 대신 약속하신 거예요.

어떠세요? 우리 아빠들도 아무리 식사 시간 분위기가 험악하더라도 위로와 공감의 '식사말'로 이겨낼 수 있으리라 믿습니다.

'식사말' Quiz

학교 다닐 때 가장 싫어했던, 그러나 아빠이기에 꼭 해야 하는 복습

1. 아빠들은 식사 시간을 이용해서 아이와 잘 대화하고 있는 걸까? 다음의 예시 중 당신이 늘 보는 상황이라면 괄호 안에 ×를 하라. 당신은 몇 개에 해당하는가?

    가족들이 함께 식탁에 앉아 있지 않고 늘 따로 먹는다. (　)
    함께 식탁에 앉아도 당신, 아내, 아이는 TV를 보면서 밥을 먹는다. (　)
    밥을 먹을 때 아이에게 잔소리를 한다. (　)
    아내가 아이와 대화하는 동안 당신은 프로야구 중계만 본다. (　)
    아이가 당신에게 질문을 했지만 당신은 '카톡'을 하느라 아이의 말에 대답하기 귀찮다. (　)

2. 간만에 아이와 식탁에 앉아서 밥을 먹게 되었다. 아이에게 물어보는 말로 적당한 것은 무엇인가? (　)

    가. "요즘 재미있는 게 뭐니?"

    나. "요즘 로봇을 많이 가지고 놀던데, 네가 가장 좋아하는 로봇이 뭐니?"

식사말

3. 다음 두 대화 중 식사 시간에 해야 하는 '식사말'로 적절한 것은 어느 것인가? ( )

가. **아빠** 어제 시험 봤다면서?
　　아이 네.
　　아빠 몇 점 맞았니?
　　아이 70점이요.
　　아빠 (아내에게) 도대체 얘 공부를 시킨 거야? 안 시킨 거야?
　　아이 …….
　　아내 …….

나. **아빠** 어제 시험 봤다면서?
　　아이 네.
　　아빠 공부하는 데 힘든 일 없니. 아빠가 도와줄 게 없을까?
　　아이 아! 생각해볼게요.
　　아빠 그러고 보니 이제 당근도 잘 먹는구나. 키가 쑥쑥 크겠는걸?
　　아이 네. 이제 많이 먹으려고요.

놀이
여러 사람이 모여서 즐겁게 노는 일.

놀이말
학교 운동장 등에서 아이에게 "함께 뛰놀자!"고 권하는 말.

아이와 함께 신 나게 뛰놀자

chapter 09

"놀이말"

운동은 의무적으로 해도
몸에 해가 되지 않는다.
그러나 억지로 습득한 지식은
마음에 남지 않는다.
플라톤

놀이말

아빠의 자격

'아빠 효과(effects of father)'라는 말이 있습니다. 아빠의 육아 참여가 높을수록 아이의 자아존중감과 정서가 발달한다는 뜻입니다.

엄마뿐만 아니라 아빠까지 육아에, 그것도 '제대로 된' 육아에 참여한다면 아이의 자존감이 높아지는 것은 당연합니다. 문제는 '아빠 효과'를 누리기 위해서 아빠들이 무엇을, 어떻게 해야 하는지를 모르는 데 있습니다. 아니면 알고 있더라도 저처럼 서툰 아빠들은 행동으로 옮기기가 쉽지 않습니다.

'아빠 효과'를 얻기 위한 방법 중 하나는 '아이에게 책 읽어주기'라고 합니다. 하지만 책도 '그냥' 읽어주면 안 됩니다. 그렇다면 '아빠의 자격을 얻기 위한' 책 읽어주는 방법은 무엇일까요?

다음을 보세요. 당신은 몇 가지에 해당하는지 체크해보십시오.

- 아이가 잠자리에 들기 전, 아이에게 일정 시간 동안 책을 읽어준다.
- 책을 읽어줄 때는 익살스러운 표정을 지으며 '구연동화'를 해야 한다.
- 매일 밤, 또는 특정 요일에 규칙적으로 책을 읽어주어야 한다.
- "여기 보자", "뭐가 있니?", "잘하네!"와 같은 추임새를 통해 책 읽는 것을 놀이로 인식하게 한다.
- (4세 미만) 아이 주장은 억압하지 말고, 이야기를 통해 선악을 구별하게 한다.
- (5~7세 아이에게는) 글이 짧은 책을 여러 번 읽어준다.
- (초등학교 저학년에게는) 위인전을 읽어준다.

위의 7가지 중 몇 개에 해당하나요? 아빠의 자격을 갖추기 위해서 이렇게 험난한 과정을 거쳐야 한다면, 저는 그냥 포기하겠습니다. 솔직히 자신 없어요. 그렇다면 저는 '아빠의 자격'이 없는, '아빠효과'를 기대하기 힘든 남자인가요?

놀이말

나는 평범한
코리안 대디다

요즘 신세대 부모들 사이에서 회자되는 단어가 있습니다. 바로 '스칸디 대디(Scandi Daddy) 육아법'입니다. 스칸디나비아 국가들의 자녀 육아 방식을 일컫는 말이죠.

스칸디나비아? 사실 저는 잘 알지 못합니다. '노키아'라는 휴대폰을 만들던 나라가 그중에 있다는 것 정도는 압니다. '이케아'라는 알록달록한 가구를 만드는 나라도 그쪽에 있었던가요? 그래요, 딱 그 정도만 압니다.

그런데 요즘 엄마들은 남편이 이렇게 생소하기만 한 스칸디나비아 국가들의 아빠를 닮길 원합니다. '스칸디 대디'란 육아와 교육에 적극적인 북유럽식 아빠를 뜻합니다.

스웨덴 스톡홀름시 감라스탄 구시가지에는 평일 낮에도 유모차를 밀며 걷거나 뛰는 남자들이 흔했다. 오피스지구 식당 점심시간에도 한 남자가 유모차를 끌고 온다. 가구몰 이케아(IKEA) 등 대형 시설의 남자 화장실 옆에는 기저귀 가는 공간이나 수유실이 붙어 있다. (…) 만 3세 아들을 둔 40대 페르 귄차드 씨는 일주일에 두 번 가량은 오후 4시 30분까지 회사 일을 마치고 아이를 킨더가르텐(어린이집)에서 데려온다. 스톡홀름의 IT 마케팅 회사 임원인 그는

"날씨나 아이 상태를 살펴 야외 놀이터나 집안에서 블록 장난감으로 놀아준다. 아이와 함께 친구를 만나거나 장을 보고 저녁 준비도 한다"며 "아내 출근 시간이 일러 아침마다 아이 식사를 챙겨주고 맡기는 일도 내 몫이다"고 말했다. 회사에도 근무시간 중 한 쪽 구석에서 그림 그리는 아이를 목격하는 일이 신기하지 않다. 스웨덴에서는 10인 이상 사업장은 의무적으로 휴게시설을 갖춰야 하므로 아이들이 방해가 되지는 않는다.

(〈매일경제신문〉, 2013년 6월 14일 자)

스웨덴 남자들, 참 대단하지 않나요? 이 나라의 남자들은 자신의 아이가 "본인이 원하면 뭐든 할 수 있다는 자기 확신(self-confidence)과 성실함을 갖추고, 다른 사람 등 뒤에서 욕하지 않는 공손한 인간이 되길 바란다"고 말합니다. 그 이웃 나라인 핀란드 아빠들은 또 어떻고요. "남편의 육아는 '아내를 도와주는 것'이 아니다. 아내와 '같이 하는 일', 혹은 남편인 내가 '당연히 해야 할 일'이다"라고 생각하는 걸 당연하게 여긴답니다.

솔직히 저는 이런 기사를 보면 부럽기 전에 화부터 납니다. 한마디로 '쳇!'이죠. 왜냐고요? 대한민국의 평범한 회사원 아빠들을 생각합시다. 이들이 다음과 같은 복리후생과 근무조건을 제시할 수 있을까요?

- 일주일에 두 번, 오후 4시 30분에 회사를 마치고 아이를 어린이집에서 데려온다.
- (스웨덴 기준) 부부 합산 16개월 육아휴직 중 2개월은 반드시 남편이 써야 한다. 보통은 아내가 10개월, 남편이 6개월 쓰는 게 일반적이다.
- 아이가 아파서 회사를 쉴 경우 부모에게 유급 보육(child care) 휴가가 보장된다(회사 휴직 서류를 챙겨서 스웨덴 사회보장청에 신청하면 회사가 주는 급여만큼 받으니 회사 눈치를 볼 필요가 없다. 아빠가 주로 쓴다).
- (핀란드 기준) 아이가 태어나면 기본적으로 '아빠 휴가(paternity leave)' 4주가 제공된다.

우리에게는 꿈같은 일입니다. 물론 언젠가는 우리나라에서도 실현될 수 있을지도 모릅니다. 하지만 지금 당장은 먼 나라의 이야기입니다. 양육의 조건(제도가 이미 구비되었다고 말하지 않았으면 좋겠습니다. 제도가 준비된 것과 실제로 어떻게 운영되는지는 별개니까요)이 안 되는데 자꾸 '스칸디 대디'가 되라고 '코리안 대디'에게 강요하는 것은 아빠를 두 번 죽이는 말입니다.

전통적으로 아내의 영역이었던 육아에 아빠가 참여해야 한다는 당위성은 저 역시 인정합니다. 노력할 거예요. 그 대신 사회 시스템이 준비되지 않은 상태에서 소위 전문가라는 사람들이 팍팍한 삶을 살아가는 아빠들에게 '당장 변해야 한다!'고 윽박지르는 것은 현실적으로 어려운 게 사실입니다.

그렇다면 우리 아빠들이 할 수 있는 육아법은 무엇이 있을까요? 우리 코리안 대디가 할 수 있는 것이 무엇인지 함께 찾아봅시다.

코리안 대디는
코리아 스타일로 대화하자

아빠들은 바쁩니다. 사실 왜 바쁜지도 잘 모르면서 늘 바쁘죠. 이건 사회 전반적인 분위기가 한몫했습니다.

이제는 많이 사라졌지만 10년 전쯤만 해도 회사에서는 상사가 퇴근하지 않으면 부하 직원들은 일이 없어도 멍청하게 사무실에 있어야 했습니다. 상사가 술 마시러 가자고 하면 약속도 다 취소하고 따라가서 폭탄주를 들이켜야 하는, 그런 대한민국 아빠들이었습니다. 그런 아빠들에게 '스칸디 대디'가 되라는 것은 갓 태어나 걷지도 못하는 아이에게 '왜 뛰지 못하느냐!'라고 질책하는 것과 같습니다.

하지만 이제 '아빠 육아'는 대한민국 아빠들에 대한 사회적 요청입니다. 외환위기를 거치면서 돈 벌어오는 기계로 살아오던 아빠들은 사회에서 내쳐지고 가정에서도 버려지는, 그야말로 '아무것도 아닌' 존재가 되어버렸습니다. 특히 현재 40대 전후의 아빠들은 그런 모습을 아주 가까운 곳에서 직접 보았습니다. 같이 근무하는 회사 선배, 상사가 바로 그 예였죠. 그러면서 우리 아빠들은 '아빠의

놀이말

역할'에 대해 새롭게 눈을 뜨게 됩니다. 그 이전에 일방적으로 추앙받던 남성 노동의 가치가 얼마나 허무한지를 말입니다. 또한 보편화된 맞벌이가 아빠 육아를 피할 수 없는 것으로 만들었습니다.

이런 상황에서 우리 아빠들은 무엇을 할 수 있을까요? TV 프로그램에 나오는 것처럼 주말마다 아이들의 손을 붙잡고 산으로, 바다로 캠핑이라도 가야 하는 걸까요? 그게 아니라면 비싼 비행기 티켓을 끊어 해외라도 놀러 가야 하는 걸까요?

물론 이것도 좋은 생각입니다. 아이들과 함께 시간을 보내기 위해 노력해야 한다는 것에는 저도 당연히 찬성합니다. 우리 아빠들도 그러기 위해 노력해야 하고요. 하지만 놀러 갈 때는 최선을 다하고, 집에 와서는 늘어져서 다시 아이에게 무관심해진다면 차라리 아이와 손 붙잡고 운동장 30분을 걷는 게 더 낫다는 생각입니다.

그렇다고 아이와의 관계를 '대충' 맺으라는 말은 절대 아닙니다. 그저 '코리안 대디'라면 '코리안 스타일'로 아이와 대화해야 하는 것이 아닐까 하는 생각입니다. 그래서 저는 이 방법을 생각해봤습니다. '굵고, 짧게!' 아이와 뛰어노는 것입니다.

매일 1시간씩 책을 읽어주겠다는 비현실적인 목표는 세우지 않겠습니다. 그 대신 일주일에 몇 번만이라도 아이와 '스킨십'을 하면서 아이의 이야기를 들어주겠습니다. 처음에는 이렇게 소박하게 시작합시다.

이제는 몸으로
대화하는 시대

회사에서 신제품이 나오면 이런저런 마케팅 행사를 많이 합니다. 예전에는 멋진 카피 문구, 끝내주는 프레젠테이션으로 광고와 홍보를 하곤 했습니다. 그러나 최근에는 단순한 발표회나 간담회 형식을 뛰어넘는 새로운 시도를 많이 합니다. 소위 '퍼포벤트(퍼포먼스+이벤트)'라고 하는데, 일방적인 발표나 간담회 형식을 넘어 브랜드의 성격과 가치를 다양한 방법으로 '경험'하게 하는 데 목표가 있습니다. 이제는 '말 위주의 직설 어법'에서 탈피하여 오감(五感)을 모두 자극하는 '경험 소통'의 시대가 온 겁니다.

아이와의 대화 역시 마찬가지입니다. 말로만 이래라저래라하는

놀이말

것이 아니라 아이의 오감을 자극할 수 있는 커뮤니케이션을 해야 합니다. 그렇다면 우리 아빠들이 아이와 함께할 수 있는 '오감 자극 커뮤니케이션'은 무엇이 있을까요? 바로 "뛰어놀자!"라는 말입니다.

우리 아빠들이 엄마들보다 잘할 수 있는 게 무엇인가요? 바로 몸을 움직이는 겁니다. 아들이라면 축구공을, 딸이라면 줄넘기를 들고 함께 학교 운동장에 가보세요. 별다른 말이 필요 없습니다. 그저 공과 줄넘기를 가지고 아이와 30분만 놀면 됩니다. 그게 바로 '놀이말'입니다. 참 쉽죠?

이제는 아이와 몸으로 대화하십시오. 운동장을 보고(시각), 바람을 느끼고(촉각), 엄마가 차리는 저녁밥 냄새를 맡으면서(후각) 30분만 놀아주는 겁니다. 그리고 대화를 나누면 됩니다.

축구는 귀찮고, 줄넘기는 흥미가 없다고요? 그럼 그냥 맨손으로라도 아이 손 붙잡고 나가세요. 반바지에 슬리퍼를 신고 가도 좋습니다. 학교 운동장에 가서 아이에게 말하십시오.

"뛰어놀자!"

대부분의 아이들은 운동장을 뛰는 것만으로도 무척 행복해합니다. 제가 "뛰어놀자!"라고 외치면 아이들은 자기들끼리 좋다고 운동장을 몇 바퀴고 돕니다. "아이는 모든 기가 발에 모인다"라는 누군가의 말처럼 아이들은 온종일 뛰어도 지치지 않는 모양입니다. 오히려 지쳐서 집에 가자고 조르는 사람은 당신일 수도 있습니다. 그래도 아이들과 함께 뛰십시오. 그리고 아이가 뛸 때 당신은 10미터 거리를 두고 뛰세요. 그리고 말하십시오.

"아빠가 도저히 따라잡을 수가 없네!"
"천천히 달려. 아빠, 힘들어."

아마 아이는 더 신 나서 힘껏 달릴 겁니다.

아이와 쉽게 놀아주고 싶다면
함께 뛰어라

우리의 어린 시절을 기억해봅시다. 우리는 해가 넘어가서 어두 컴컴해질 때까지 놀이터에서 친구들과 함께 놀았습니다. '찜뽕'(아시죠? 고무공을 주먹으로 쳐서 야구처럼 노는 놀이)도 하고요. '말뚝박기'를 하다가 엄마가 밥 먹으라고 고래고래 소리 지르며 귀를 잡아당겨야만 집에 가곤 했습니다. 얼굴은 새까매지고 발에는 모래가 잔뜩 묻어서 말이죠.

요즘 아이들은 어떤가요? 맘껏 뛰어놀고 있나요? 그렇지 않습니다. 아이들 100명 중 98명은 아마 운동 부족이 아닐까 싶습니다.

생각해보면 우리 아이들은 많은 것을 잃고 있습니다. 그중에 가장 큰 것이 바로 '몸으로 말하기'입니다. 그래서 더욱 아빠의 '놀이 말'이 필요합니다.

아이와 아빠가 함께 놀 수 있는 것 중에 가장 쉬운 게 바로 뛰는 것임을 잊지 마세요. 최근 유행하는 게임을 몰라서, 아이들에게 인기 있는 만화 캐릭터가 누군지 몰라서 아이들의 놀이에 소외되는 느낌을 받은 적이 있었을 겁니다. 그러나 운동장을 뛰는 것 정도는 아빠도 잘할 수 있습니다.

사실 이것도 한때입니다. 아이들이 초등학교 3~5학년만 되도 귀찮다고 뛰려고 하지 않을 겁니다. 그러니 아이가 뛰고 싶어하는 지금 당장 "뛰어놀자!"라고 말하십시오.

어떻게 아이의 우뇌를 자극할까?

연인을 연기한 배우들이 왜 사랑에 빠지게 되는지 아나요? 미국의 심리학자 로버트 엡스타인이 실험을 했습니다. 생면부지의 남녀가 연인처럼 서로 눈을 오래 응시하게 했더니 대부분 상대방에게 친밀감을 느끼게 되었다고 합니다. 심지어 일부 남녀는 키스까지 했대요. 그는 이 실험을 통해서 이런 결론을 내렸습니다.

"사랑하기 때문에 연인이 되는 것이 아니라 연인처럼 행동함으로써 사랑의 감정이 만들어진다."

(《조선일보》, 2013년 4월 20일 자)

놀이말

이렇듯 몸이 가면 마음도 가게 됩니다. 아이의 마음을 얻고 싶다면 먼저 몸으로 부딪혀보세요.

아이와의 친밀한 정서적 유대감을 뜻하는 단어로 '애착'이란 게 있습니다. 부모님과 함께 지내는 시간이 즐거운 아이는 부모와의 애착이 잘 형성된다고 합니다. 특히 아빠와 함께 뛰놀면 아이는 '아빠도 이렇게 뛰는 것을 좋아하는구나!'라고 생각합니다. 그러면 아빠와 아이 사이에 공통점이 생겨 애착이 형성되는 것입니다.

이렇듯 부모와 애착 형성이 잘된 아이는 모든 일에 안정감을 갖게 되어 능동적인 아이로 자라납니다. 또한 타인과의 관계에서도 친밀감을 얻어 원만한 대인 관계를 갖게 됩니다.

초등학교 저학년 이전에 우뇌가 발달하는데, 이때 아빠의 역할이 무엇보다 중요합니다. 아빠와 함께 달리거나, 팔씨름을 하거나, 업어주거나, 이렇게 몸을 쓰는 활동을 아이는 '놀이'라고 인식하며, 이런 놀이가 아이의 우뇌를 자극합니다. 즉, '놀이말'이 아이의 우뇌를 자극한다는 말이 과장이 아니죠.

요즘에는 어린 나이의 아이들부터 스마트폰을 사용합니다. 누군가는 이런 말을 하더군요.

"대학생들이 영화관에 가는 횟수가 점차 줄어든다고 한다. 그 이유가 뭔지 아는가? 돈이 없어서? 시간이 없어서? 아니다. 영화관에서는 '카톡'을 못하기 때문이다."

지금 당장 우리 아이들을 살펴보세요. TV를 틀어놓고 스마트폰을 줘보세요. 아이가 TV를 보나요, 아니면 스마트폰을 만지나요? 제가 본 바에 의하면 스마트폰을 만지는 아이가 압도적이었습니다.

이런 아이들에게 '놀이말'은 더욱 중요합니다. 왜일까요? 스마트폰 등의 디지털 기기를 가까이하는 아이들은 좌뇌를 자극받는다고 합니다. 그래서 우뇌의 자극은 상대적으로 줄어들게 되는 거죠. 그래서 아빠와 함께하는 신체 활동이 중요합니다. 우리 아이의 좌뇌와 우뇌의 발달 균형을 맞추기 위해서라도 아이에게 '놀이말'을 해 보십시오. 날이 추우면 점퍼를 걸치고, 더우면 가벼운 옷차림으로 말이죠.

놀이말

前 프로야구 선수
양준혁의 '놀이말'

프로야구 선수였던 양준혁 선수도 '놀이말'을 통해 아이들에게 자립심을 심어주었습니다. 그는 다문화·저소득층 위한 야구단을 운영 중인데, 아이들이 운동을 하면서 협동과 희생정신 등을 배운다고 말했습니다.

양준혁이 운영하는 야구팀은 서울, 성남, 양주 등 총 3곳. 선수들은 모두 다문화·저소득층 가정 아이들이다. "처음엔 힘들었죠. 부모의 보살핌이 부족한 아이들이라 그런지 오히려 의존성이 강했어요. 신발 끈이 풀려도 엄마가 매주기 일쑤였고요." 그는 2년 전 첫 훈련 때를 이렇게 회상했다. "제일 먼저 대중교통을 이용해 훈련장에 혼자 오는 법을 가르쳤습니다." 자립심을 길러주기 위해 인근 지하철 8호선 장지역에서 훈련장까지 30분 정도를 걷게 했다. (…) 지난 2년간 아이들은 야구 실력만큼이나 인성도 좋아졌다. 처음엔 공과 방망이를 먼저 잡으려고 싸우던 아이들이 이젠 서로를 배려하고 양보한다.

〈〈중앙일보〉, 2013년 5월 2일 자〉

또한 '놀이말'은 규칙과 규율을 아이에게 간접적으로 가르칠 수 있습니다. 아이들은 예상외로 승부 근성이 강합니다. 아이와 함께 운동장 트랙을 돌다 보면 목표지점에 빨리 가려고 아이가 운동장을 가로질러 가기도 합니다.

아빠   거기로 가면 어떻게 해?

아이   (아무 말 없이 뛴다.)

아빠   그렇게 가면 반칙이야. 트랙으로 돌아야지.

아이   (목표 지점에 도달해서는) 아빠, 제가 이겼어요. 아이스크림 사주세요!

아빠   …….

이럴 때 지켜야 하는 규칙에 관해 말해줄 수 있는 좋은 기회입니다. 트랙을 벗어나면 반칙이라는 것을 가르쳐주세요. 지켜야 할 것을 가르치는 사람은 학교 선생님만이 아닙니다. 우리 아빠들도 가르쳐야 합니다. 목표에 이르는 과정에는 반드시 지켜야 할 규칙이 있다는 것을, 승리와 패배에 연연하지 않고 최선을 다해야 한다는 것을 '놀이말'과 함께 가르쳐주는 겁니다.

놀이말

아이와
단둘이 뛰어라

'놀이말'은 온 가족이 총출동하여 손에 손잡고 걷고 뛰면서 말하자는 게 아닙니다. 아빠와 아이 사이에 단절된 유대 관계를 회복하자는 겁니다. 따라서 아이와 운동장을 갈 때에는 아내와 함께 가지 말고, 아이와 단둘이 가세요. 이유는 간단해요. 아내와 당신, 아이가 함께 나가면 아내와 당신 중 1명은 대화에 끼지 못하거나 스마트폰을 만지작거릴 겁니다. 운동장이라는 곳이 축구 골대와 아이들을 위한 놀이터, 앉아 있을 의자가 전부잖아요. 이런 환경에서 다 같이 운동장에 가면 결국 아이와 운동장을 걷고 대화하는 건 엄마일 가능성이 큽니다.

그러니 아이와 단둘이 나가서 걸으세요. 그리고는 아이가 아빠에게 하는 말에 귀 기울이세요. 아이의 눈을 쳐다보고 머리를 쓰다듬는 것으로도 충분합니다. 그렇게 '아직은' 아빠를 좋아하는 아이, 그 아이가 먼저 아빠에게 말을 걸어오는 짜릿한 순간을 즐기길 바랍니다.

그런데 막상 아이를 데리고 운동장에 나왔는데 속된 말로 '뻘쭘'한 경우도 있습니다. 아이와 걷고 있는 게 어색합니다. 무슨 말을 해야 할지 난감합니다. 좋습니다. 그럴 수 있습니다. 예상외로 아이들과 할 말이 많지 않음을 저도 겪었으니까요.

아이들과 대화하기 위한 방법을 안내하겠습니다. 참고해서 활용하기 바랍니다.

1. 끝말잇기 놀이하기

예상 밖에 아이들은 '끝말잇기'를 좋아하더군요. 말도 안 되는 단어를 말하고는 "까르르" 웃는 아이들, 말을 만들어내는 과정이 재미있나 봅니다. 당신의 아이가 초등학교 1~2학년이라면 아이에게 이렇게 말해보세요.

"우리 끝말잇기 놀이하자."

초등학교 1~2학년 아이들은 세상에 대한 궁금증만큼 단어에 대한 호기심이 많습니다. 어떻게 해서든지 단어를 생각해내려는 아이

놀이말

를 보면 끝말잇기 놀이는 궁극적으로 아이의 언어 능력을 향상시킬 수도 있을 것이라는 생각이 듭니다. 끝말잇기 놀이를 할 때 약간의 상품을 걸어보는 것도 좋겠습니다.

"네가 이기면 아이스크림 사줄게! 대신 아빠가 이기면 뽀뽀 10번 해줘야 해!"

이렇게 말입니다. 물론, 져줘야 합니다. 그게 아이에 대한 예의죠.

2. 친한 친구 물어보기

"누군가를 사랑한다는 것은 그 사람이 좋아하는 것을 아는 것이다"라는 말이 있습니다. 아이를 사랑하십니까? 그렇다면 질문하겠습니다. 아이가 엄마와 아빠를 제외하고 가장 좋아하는 것은 무엇일까요? 초콜릿? 인형? 장난감? 아닙니다. 아이는 친구를 가장 좋아합니다.

아이의 가장 친한 친구를 안다는 것은 아이가 가장 좋아하는 것이 무엇인지를 안다는 것과 같은 말입니다. 아이가 가장 좋아하는 것이 무엇인지를 안다는 것은 결국 아이를 사랑한다는 말이겠죠.

아이에게 다음과 같이 물어보세요.

"요즘에 가장 친한 친구가 누구니?"

아이들이 한참 친구들에 대해 관심 있을 때입니다. 이렇게 물어보면 아이는 아마 신 나서 말할 겁니다. 이때 아빠는 맞장구만 잘 쳐주면 됩니다.

"아, ○○이가 가장 친한 친구였구나! 그 친구의 장점은 무엇이니?"

이렇게 아이의 말을 먼저 듣고 맞장구치면서 공감의 기쁨을 누려보세요. 아이와 대화하기 힘들수록 괜히 어려운 말로 아이를 가르칠 생각하지 말고 아이가 진심으로 좋아하는 것이 무엇인지 물어보십시오.

놀이말

'놀이말'의 업그레이드 버전 I
'업자말'

2013년 6월 3일에 방영된 MBC 휴먼다큐 사랑 〈붕어빵 가족〉에서는 마음으로 낳은 아이 9명을 기르고 있는 행복한 부부의 모습이 소개됐습니다. 이 아이들은 모두 입양아인데 그중에는 파양이라는 시련을 겪은 아이도 있었습니다. 저는 이렇게 마음이 닫힌 아이의 마음을 열고자 노력하는 아빠의 대화법이 무척이나 기억에 남습니다. 이분이 아이들과 대화하는 방법은 바로 '몸 대화'였습니다. 그는 매주 한 번씩 돌아가며 아이를 업어줍니다.

다음은 초등학교 3학년이 되는 아이를 업은 그와 아이의 대화입니다.

아빠　사랑이 이제 몇 학년이야?

아이　3학년 올라가.

아빠　사랑이는 3학년 되지 말고 다시 1학년 할까?

아이　아니.

아빠　생각하는 것도, 말하는 것도 3학년답지 못하면 어떻게 하니?

아이　아니야. 아니에요.

아빠　잘할 수 있습니까?

아이　네!

어떻게 보면 별 의미 있는 대화는 아닐 수 있습니다. 다만 저는 여기서 '놀이말'의 다른 형태인 '업자말'을 발견했습니다. 아이를 업고 이런저런 대화를 하는 겁니다. 그분은 이렇게 말했습니다.

"지금도 이렇게 업고 다니면서 아이들한테 그냥 장난삼아 꿈 이야기도 물어보기도 하고, 마음 불편한 것 있는지 물어보기도 해요. 그냥 길에서 이야기하면 대화가 끊기거나 다른 데 가지만, 업고 다니면 꼼짝 못 하고 이야기 듣잖아요. 그게 참 좋은 것 같아요."

참 괜찮은 생각이죠? 우리 아빠들, 다리에 힘 풀리기 전에 아이를 업어봅시다. '업자말'이야말로 아이가 바라고 원하는 아빠의 말이 아닐까 합니다. 아이의 안정된 정서와 바른 인성은 업어주고 따뜻한 대화를 나누는 5분도 채 안 되는 순간에 형성될 수 있습니다. 엄마가 안아주는 존재라면, 아빠는 업어주는 존재로 남는 것도 괜찮습니다. 엄마와 아이가 얼굴을 마주 보고 다정하게 감성을 키워 나가는 사람이라면, 아빠는 아이에게 듬직한 어깨를 빌려주면서 신뢰와 안정을 주면 됩니다.

늘 단답형으로 끝나는 아이와의 대화. 어떻게 말해야 할지 모르는 우리 아빠들. 얼굴 보고 무엇을 말해야 할지 모르겠다면 이제부터 아이를 업어주세요. 엄마의 품에 비해 아빠의 등도 결코 부족하지 않다는 것을 보여줍시다.

'놀이말'의 업그레이드 버전 Ⅱ
'타자말'

저희 아이들도 놀러 가는 것을 참 좋아합니다. 토요일, 혹은 일요일 아침만 되면 눈을 동그랗게 뜨고 어디 안 가느냐고 난리를 피우죠. 행선지는 중요하지 않습니다. 그저 집 밖으로만 나가면 무조건 좋은가 봅니다. 우리 아빠들은 집이 제일 좋지만 어쩔 수 없죠. 정면승부가 필요할 때입니다. 이럴 때 이렇게 말해보세요.

"타러 가자!"

무엇을 타러 가자는 것일까요? 집에 자동차가 있다면 자동차를,

놀이말

없다면 버스나 지하철을 타러 가자고 말하는 겁니다. 아마 아이들은 행선지가 어딘지에 관계없이 신이 날 겁니다.

앞에서 말한 것처럼 아무리 피곤해도 주말을 항상 집에서 보내는 건 아빠로서의 직무유기에 속합니다. 아이들은 학교 운동장도 좋지만 가끔은 다른 환경을 구경하고 싶어합니다. 차를 운전하다 아이들이 앉아 있는 뒷좌석을 흘깃 보면 넋을 놓고 길거리를 구경하는 아이들의 모습이 신기합니다.

저는 주말이면 주로 아침 시간을 이용하여 아이들에게 '타자말'을 합니다. 기름값이야 비싸지만 이 정도는 감수해야죠. 어딘가로 이동하는 그 시간은 아이와 대화할 수 있는 좋은 시간이니까요.

사실 우리 아빠들, 놀이동산이다 해운대다 하는 관광지에 놀러 가는 게 뭐 그리 재미있나요? 그렇지만 저는 그곳에 가는 이동 과정에서 아이와 나누는 대화가 참 좋습니다. 아이와 한 공간에서 온전하게 시간을 보낸다는 것, 평소에는 얼마나 힘든 일입니까? 다시 말하자면 '타자말'이 아이를 꼼짝 못 하게 붙잡아놓고 대화할 수 있는 절호의 기회인 셈이죠.

단, '타자말'을 할 때도 지켜야 할 대화의 법칙이 있습니다. 미리 아빠 스스로, 그리고 아내와 약속하세요. 차로 이동하는 동안에는 절대 아이의 성적에 관해서 말하지 말자고 말입니다. 가능하면 아이가 좋아하는 것에 관해서 물어보세요.

'놀이말'의 업그레이드 버전 Ⅲ '목욕말'

아이와 함께 목욕을 하는지요? 저는 가끔 합니다. 아이들과 함께 욕조에 들어가 목욕을 하면 아이들이 커가는 모습을 '사실적으로' 볼 수 있습니다.

혹시 당신의 아이가 목욕을 싫어하나요? 그렇다면 '정말 목욕'을 시키려 하기 때문이 아닐까요? 뜨거운 물에 몸을 불리라고 하거나, 때를 박박 밀거나, 그런 목욕 말입니다. 그게 아니라면 아이들은 일반적으로 물에 들어가 노는 것을 좋아합니다. 즉, 아이들에게 목욕은 물놀이인 셈입니다.

최근에 본 기사 하나를 소개합니다.

놀이말

개그맨 표인봉의 딸 표바하 양(중1)이 아직도 아빠와 함께 목욕한다고 말해 놀라움을 금치 못하게 했다. (…) 중학교 1학년인 아들과 함께 녹화에 참여한 이병준 변호사는 "아들이 사춘기가 오니까 안아주는 것은 물론, 손잡는 것도 싫어하더라"라고 쌓여 있던 불만을 토로했다. 이야기를 듣던 개그맨 표인봉은 딸 표바하 양과의 애정을 과시하며 "우리는 아직도 스킨십이 자연스럽다. 내가 앉아서 신문을 읽고 있으면 바하가 몰래 와서 코에 뽀뽀를 해준다"고 말해 모두에게 부러움을 샀다. 표인봉의 딸 표바하는 "나는 아직도 아빠와 같이 목욕을 한다!"라며, 아무 일도 아니라는 듯한 표정을 지어 보냈다.

〈채널A〉, 2013년 8월 28일 자〉

당신도 가끔 아이와 함께 목욕을 해보세요. "목욕하자!"라고 말하는 겁니다. 이게 바로 '목욕말'입니다. 어쩌면 수십 번의 "사랑한다!"는 말도 좋지만, 일주일에 한 번 목욕을 하며 안아주고 뽀뽀해주는 것이 아이와의 친밀감을 더 높이는 방법일 수 있다는 점을 기억하세요.

아이와의 목욕이 아이의 사회성에 좋은 영향을 미친다는 연구도 있습니다.

유아기에 아빠가 목욕을 시키는지의 여부가 성장 후 사회성에 큰 영향을 끼친다는 연구 결과도 있다. 미국 뉴스쿨대 심리학과 하워드 스틸 교수팀은 100쌍의 부모를 대상으로 14년 간 추적 조사를 벌였다. 그 결과 유아기에 아빠가 목욕을 시키지 않은 아이들 30%가 나중에 친구를 사귀는 데 심각한 문제를 겪는 데 비해 아빠가 일주일에 3~4번 목욕시킨 아이들은 이런 경우가 3%에 불과했다. 스틸 박사는 "10대들이 일으키는 각종 문제 역시 유아기 아빠와의 신체 접촉 결핍이 원인"이라고 밝혔다.

(〈경향신문〉, 2013년 7월 19일 자)

한번 말없이 안아주는 것만으로도 아이와의 친밀감을 높일 수 있다고 합니다. 사랑을 담은 스킨십은 유대감을 강화하고 진심을 전달하는 가장 강력한 방법 중의 하나입니다. 그리고 아빠와 아이가 자연스럽게 스킨십을 할 수 있는 것이 바로 목욕 시간입니다.

'목욕말'을 할 때 좋은 팁(tip)을 알려주겠습니다. 마트에 가면 아이들을 위한 '거품 목욕제'가 있습니다. 그걸 사서 아이와의 목욕 시간에 사용해보세요. 물놀이와 거품놀이를 좋아하는 아이의 웃음소리가 끊이지 않을 겁니다.

놀이말

'놀이말' Quiz

학교 다닐 때 가장 싫어했던, 그러나 아빠이기에 꼭 해야 하는 복습

1. 학교 운동장에서 아이와 함께 뛰고 있다고 해보자. 이때 아이에게 해야 하는 바람직한 '놀이말'로 적당한 것은 다음 중 어느 것인가? (   )

    가. (아이보다 앞서 가면서) "좀 더 뛰어봐. 아빠를 잡아야지!"

    나. (아이에 약간 못 미치게 따라가면서) "아빠가 도저히 따라잡을 수가 없네!"

2. 아이를 데리고 운동장에 나왔는데 아이와 무슨 말을 해야 할지 난감한 경우, 아이와 대화를 이어가기 위해 좋은 놀이는 무엇인가? (   )

    가. 스마트폰 게임하기

    나. 끝말잇기

3. 아이와 함께 운동장을 걸으면서 해야 하는 말로 적당한 것은 다음 중 어느 것인가? (   )

    가. "요즘에 가장 친한 친구가 누구니?"

    나. "숙제는 다 했니?"

취침
잠자리에 들어 잠을 잠.

취침말
잠자리에 든 아이를 위해 아빠가 해주는 축복의 말.

자고 있는 아이에게 사랑을 속삭이자

chapter 10

"취침말"

아이는 축복일 수도 아닐 수도 있다.
그러나 아이를 낳고 난 후 망치는 일은
저주받을 짓이다.
로이스 맥마스터 부욜

취침말

아이들의
아빠 퇴근 맞이

아이가 아빠를 기다리는 것도 때가 있습니다. 초등학교에 입학하기 전에는 밤 10시가 되어 집에 들어가도 아이들은 졸린 눈을 비비며 저를 기다렸죠. 현관문 여는 소리만 듣고도 "와, 아빠다!" 하면서 달려 나와 제게 안기곤 했습니다. 그리고는 옷 갈아입을 시간도, 발 닦을 시간도 없을 정도로 정신없이 제게 말을 걸곤 했습니다.

"아빠, 왜 이렇게 늦었어요?"
"맛있는 거 왜 안 사오셨어요?"
"재밌는 이야기해주세요."

아주 오래전의 기억을 되살리자면, 제가 어릴 적에 살던 집에 제비집이 있었는데 어미 제비가 먹이를 물어오면 서로 먼저 먹겠다고 주둥이를 내밀던 제비 새끼를 보는 느낌이었습니다. 회사에서 답답한 일이 있어도, 출·퇴근길 만원 버스와 지하철에 시달려도 아이의 재잘거림에 피로를 잊게 됩니다. 아빠로서 느낄 수 있는 큰 행복이자 삶의 기쁨입니다.

그런데 어느 순간부터 아이들의 '아빠 맞이'가 사라졌습니다. 대화 시간도 짧아졌죠. 자꾸만 늦어지는 퇴근 시간 때문입니다. 게다가 어쩌다 일찍 퇴근하고 집에 들어가도 아이와 어떻게 대화해야 할지 잘 몰라서 제가 하고 싶은 말만 했습니다.

"물 좀 떠와라."

"리모컨 어디 있어?"

"어제 시험 잘 봤니?"

"시끄러워!"

"또 싸워? 혼날래?"

"귀찮게 하지 마."

이렇게 아이를 사랑하는 마음을 말로 표현하지 못하던 제가 어느 순간부터 이런 말을 서슴없이 할 수 있게 되었습니다.

"사랑해."

"아빠가 좋아하는 거 알지?"

"오늘 힘들었니? 내일은 더 잘 될 거야."

"우리 아들, 멋지다."

"오늘 하루도 재밌었니? 친구들과 재밌게 지냈니?"

갑자기 제 성격이 바뀐 건 아니냐고요? 아닙니다. 그저 아이와 대화하는 시간만 다를 뿐입니다. 아이가 깨어 있는 시간이 아니라 아이가 잠든 시간에 아이를 가볍게 안아주면서 이런 말을 해주게 되었다는 겁니다.

제가 좋아하는 장면을 소개할게요. 팍팍한 하루를 보내고 집에 들어오니 밤 10시가 넘었습니다. 집 안이 조용합니다. 모두 잠이 들었죠. 아내도 자고, 아이들도 잡니다. 저는 이 모습이 정말 좋습니다. 평화롭게 자는 아이들의 모습은 천사와도 같습니다. 그런 아이들을 보면서 저는 '오늘 하루도 잘 보냈구나!' 이렇게 생각합니다.

하루를 무탈하게 산다는 것이 얼마나 위대한 일입니까? 영화 〈올드보이〉의 오대수도 이런 말을 했습니다.

"내가 왜 이름이 오대수인 줄 아쇼. 오늘 하루도 대충 수습하면서 살라고 오대수요."

누군가는 이 대사를 듣고 웃을 테지만, 저는 공감합니다. 이렇게 하루를 '대충이라도 수습하며' 사는 게 그리 만만치 않기에 평화롭게 잠들어 있는 아이들을 보면 가슴이 찡합니다. 그래서 잠자고 있는 이 천사들에게 저는 말을 겁니다. 쑥스럽지만 아이의 눈을 보면서 평소 하지 못했던 말을 해주는 거죠. '아빠말'에 순서가 있다면 하루의 마지막으로 아이와 대화해야 하는 말이 '취침말'입니다.

밤에 쓴 연애편지를 낮에 읽으면 유치하다는 말이 있죠? 맞습니다. 밤이 되면 사람은 감상적(感傷的)이 됩니다. 아무리 무뚝뚝한 아빠라도 밤이 되면 마음이 안정되고 편안해집니다. 이때 아이에게 '취침말'을 했으면 합니다. 잠든 아이의 머리맡에서 축복의 말, 사랑의 말을 해주는 게 바로 '취침말'입니다.

말에는
에너지가 있다

몇 년 전에 《물은 답을 알고 있다》라는 책을 읽었습니다. 물에 말을 걸고, 그 물이 어떻게 반응하는지 연구한 이 책의 결론은 다음과 같습니다.

"물 앞에서 어떤 말을 하는가에 따라 물의 구조가 변한다."

참 흥미롭죠? '사랑해', 혹은 '고마워' 등 긍정적인 글자를 물 컵에 붙였을 때는 물의 결정체가 아름답다고 합니다. 반면 명령형의 '~해라', 부정형의 '너를 죽여 버리겠어' 등의 글자를 붙였을 때는 물의 결정체가 혐오스럽게 변한다는 겁니다. 참 신기하죠?

물에는 생명이 있을까요? 저는 "없다!"라고 단정 짓겠습니다. 이렇게 생명이 없는 물조차 말에 관해 민감하게 반응하는데, 하다못해 생명이 있는 아이에게는 더 신중하게 말해야 하지 않을까요?

우리는 자신도 모르게 부정적인 자기암시 속에서 살아가곤 합니다. 작은 실수에도 자신을 질책하고, 무시하고, 자신의 삶을 무가치하게 여깁니다. 그렇다면 우리 아이들은 어떤 말을 들으며 하루를 보내고 있을까요?

말에는 에너지가 있습니다. 말이 씨가 된다는 말도 있죠. 그렇기 때문에 우리는 입에서 나오는 말부터 다스려야 합니다. 잠자는 아이에게 긍정적이고 행복이 가득한 '취침말'을 한다는 게 아무 의미 없는 말이 아님을 이제 이해하는지요? 아이에게 해주는 긍정의 말은 긍정적인 아이를, 부정적인 말은 부정적인 아이로 만듭니다. 평소에 아이에게 행복과 긍정의 말을 해주기가 부끄럽다면 잠자는 아이에게라도 축복의 말을 해주는 건 어떨까요?

아이는 눈보다
귀가 더 민감하다

아이가 잠이 들었습니다. 쌔근쌔근 잠들어 있는 아이의 얼굴을 보니 세상모르게 잠에 푹 빠져 있습니다. 꿈을 꾸는지 간간히 웃기

취침말

도 합니다. 곤히 잠들어 있는 아이는 그 어떤 말도 듣지 못할 것만 같습니다. 이렇게 자고 있는 아이에게 '취침말'을 하면 아이는 과연 아빠의 말을 들을 수 있을까요?

재미있는 이야기를 소개하겠습니다.

혹시 '모빌'이 무엇인지 아는지요? 태어난 지 얼마 되지 않아 누워 있는 아기의 머리 위에 가벼운 소재로 된 종이나 인형, 꽃을 매달아 놓은 일종의 장난감입니다. 바람이 불면 살랑살랑 흔들리는 이 모빌은 온종일 누워만 있어야 하는 아기를 위해 엄마가 준비한 선물이기도 하죠. 저도 아이들이 어릴 적에 모빌을 매달아주었습니다. 아이가 심심해할까 봐 이런저런 모양의 인형과 꽃, 별 등을 바꾸며 달아놨지요.

그런데 알고 보니 아기는 모빌만 쳐다보고 있는 게 아니랍니다. 아기는 오히려 모빌보다는 자신이 누워 있는 요람 옆에서 사람들이 하는 말, 이런저런 사물의 소리 등을 학습하고 있다고 합니다. 사람의 말과 사물의 소리를 구별할 수도 있다고 하니 신기하지 않나요?

우리 아이들은 그 어떤 감각보다도 청각이 발달해 있습니다. 무의식 속에서도 멋진 음악은 아이에게 좋은 영향을 끼친다는 말도 있습니다. 음악 등의 좋은 소리가 청각 능력을 키워 아이의 건강, 행복, 창조성을 북돋우고 학습 효과를 높이는 겁니다.

'모차르트 이펙트(Mozart effect)', 혹은 '모차르트 효과'라는 말이 있습니다. 1993년 미 캘리포니아대학의 두 학자가 미국의 유명 과학 전문지 〈네이처〉를 통해 발표한 논문에서 비롯된 말인데, 당시 캘리포니아 연구팀이 대학생들에게 모차르트의 소나타를 들려주고 공간 추론 테스트를 실시한 결과, 점수가 높아졌다고 해서 붙여진 말입니다. 그래서 임신한 엄마 중에 모차르트 음악을 한 번도 안 들은 엄마는 아마 없을 겁니다.

하지만 저는 '모차르트 이펙트'보다 100배 효과가 좋은 소리를 소개하고 싶습니다. 바로 '아빠 목소리 효과'입니다. 잠자고 있는 아이에게 아빠의 사랑을 듬뿍 담은 말을 해주는 게 과연 모차르트 음악에 비교할 수 있을까요?

예전에 이런 일이 있었습니다. 어느 날 딸아이가 자다가 갑자기 소리를 빽 지르더군요. 무슨 일인가 싶어 아이에게 가니 이렇게 잠꼬대를 했습니다.

"싫어! 이건 내 거야. 비켜. 비켜!"

아이는 인상까지 쓰면서 몸을 뒤척이며 잠꼬대를 하고 있었습니다. 저는 한 손으로는 아이의 손을 부드럽게 잡고, 다른 한 손으로는 아이의 등을 쓰다듬으며 이렇게 말했습니다.

"우리 아이가 나쁜 꿈을 꿨구나. 아빠가 혼내줄게. 걱정하지 마."

취침말

　그랬더니 아이가 금방 잠잠해지더니 잠시 후, 입가에 미소를 띤 채 곤히 잠들기 시작했습니다. 아이가 진정하게 된 이유가 제가 아이의 손을 잡았기 때문인지, 아니면 등을 토닥였기 때문인지, 그것도 아니면 제가 '취침말'을 했기 때문인지 분명하지는 않습니다. 다만, 이것만은 확실합니다.

　"잠자는 아이에게 아빠의 낮은 목소리로 사랑을 표현하면 아이는 무의식중에 아빠의 사랑을 느낄 것이다."

　우리 한국 남자들, 바퀴벌레가 몸에 좋다고 하면 아마 일주일 내에 한반도에 있는 바퀴벌레 씨가 마를 만큼 '좋은 것'에 집착이 강할 겁니다. 그만큼 자신의 몸을 생각하는 사람이 바로 우리 아빠들입니다. 그리고 자신의 몸보다 더 소중한 우리 아이의 마음을 생각한다면 '취침말'을 시작하세요.
　지금 이 책을 읽고 있는 당신, 아이가 잠자고 있는 시간이라면 지금 바로 아이에게 가서 사랑이 가득 담긴 '취침말'을 해주시기 바랍니다. 아이는 분명 아빠의 사랑을 느끼며 좋은 꿈을 꿀 것입니다.

빈말이 열매를 맺는다

삼성라이온즈의 정현욱 야구 선수, 이제는 LG트윈스의 정현욱이죠. 삼성의 2011년, 2012년 한국시리즈 우승의 조력자 정현욱 선수는 10여 년 동안 한국시리즈 진출은커녕 가을 야구도 해보지 못한 LG트윈스로 2013년 초에 이적을 했습니다. 이적 후에 그는 LG트윈스 선수들을 향해 '돌직구'를 날렸습니다. 선수들이 승리에 대한 말을 쉽게 꺼내지 못하는 분위기가 불만이라는 것이었습니다.

"여기 와보니 목표에 대한 표현이 너무 약하다. '4강'이나 '우승'이라는 말을 입에 담는 것을 너무 조심스러워한다. 자꾸 떠들고 말을

취침말

하고 다녀야 한다. 그래야 팀 전체에 퍼져서 공동의 목표 의식이 생긴다. '우리는 된다! 올라간다!' 이런 말을 해야 한다. 팬들이 뭐라고 해도 왜 신경을 쓰나? 말도 못하고 떨어져 욕을 먹느니 그냥 하는 것이 낫다"고 강조했다. 더 강한 자신감을 가져야 한다는 쓴소리다. '빈말이 열매를 맺는다.' 정현욱이 평소에 가장 좋아하는 말이다. 그는 "내가 떠날 때 삼성 선수들도 포스트시즌에 붙자고 하더라. 나는 꼭 (4강에) 가야 한다. 갈 거라 믿는다"며 먼저 목소리를 높였다. 그는 LG의 역사를 바꿀 변화의 중심을 향해 다가가고 있었다. 정현욱답다.

(〈매일경제신문〉, 2013년 2월 2일 자)

참 멋진 말 아닙니까? 정현욱 선수가 "빈말이라도 하자. 우리는 우승한다!"라며 후배들을 이끈 결과, LG트윈스는 2013년 가을 플레이오프 진출을 하게 되었죠.

잠자는 아이에게 하는 '취침말'이 어떻게 보면 '빈말'에 불과한 것 아니냐고 생각하는 사람도 있을 수 있겠습니다. 하지만 저는 분명히 말할 수 있습니다.

"빈말이라도 해라. 하다 보면 잠자고 있는 아이의 꿈속에 분명히 당신이 행복하고 긍정적인 모습으로 나타날 테니."

'취침말'은 아빠를 위한 말이다

    자, 이제 '취침말'의 진짜 의미를 알려주겠습니다. '취침말'은 사실 아이를 위한 말이 아닙니다. 속은 느낌이 들지도 모르겠습니다만, '취침말'은 아이가 아닌 아빠를 위한 말입니다. 우리는 아이를 위해서가 아니라 우리 자신을 위해 '취침말'을 해야 합니다.

    아이는 또 다른 나입니다. 그렇기 때문에 아이가 잘되면 저는 즐겁습니다. 아이가 잘되기 위해서 우리는 긍정과 행복으로 가득한 '취침말'을 해야 합니다.

    조금 더 깊게 들어가 보죠. 아이는 아빠 자신이라고 했습니다. 그렇다면 아이에게 하는 '취침말'은 결국 아빠 자신에게 하는 말입니다.

한번 생각해봅시다. 우리는 자신과 얼마큼 대화하는 것에 익숙한 가요? 나 자신을 스스로 위로하고는 있는가요? 우리 아빠들, 지치고 힘든 일을 겪어도 누구에게 하소연할 사람이 없습니다. 온전히 홀로 가장(家長)의 무게감을 겪게 되죠.

어느 연구 결과에 의하면 종교를 가진 사람이 종교를 갖지 않은 사람보다 더 기쁨과 행복감을 느낀다고 합니다. 목사님의 설교나 스님의 설법을 듣고 겸손한 마음으로 자신을 바라보는 그 시간 자체가 행복을 주기 때문일 겁니다. 이렇듯 기도를 누군가에게 의지하려는 수동적 의미가 아닌 자신과의 대화라는 관점에서 본다면, 기도하면 자신과 대화할 수 있는 시간을 확보할 수 있어서 행복감이 커지는 게 아닐까요?

마찬가지입니다. 잠자고 있는 아이에게 축복의 말을 해주는 '취침말'은 어쩌면 매일매일 일상의 고단함에 시달리는 우리 아빠들이 자신에게 스스로 해주는 축원 같은 건 아닐까요? 지금 당장 잠자는 아이에게 가세요. 아직 잠을 뒤척이고 있어도 좋습니다. 아이에게 기도하는 마음으로 말하세요.

"사랑해."
"괜찮아."
"고마워."
"믿는다."

이렇게 말하면서 온종일 상처받은 자신의 영혼을 다독거려줍시다.

나와 아이를 모두 살리는 '취침말'

우리는 매일 말을 하고 있습니다. 문제는 자신이 어떠한 말을 하는지도 모르고 하루를 살아간다는 것에 있습니다. 자신에게 학대하듯이 욕을 하거나, 비난하거나, 질책하는 것에 대해서 너무나도 관대하게 넘어가고 있습니다.

그러나 우리의 몸은 우리가 내뱉은 말에 따라서 반응하고 있음을 명심해야 합니다. 더 이상 자신의 부정적인 마음이 자신의 몸과 마음을 괴롭히도록 내버려두면 안 됩니다. 아이를 미워하면 아이의 마음은 서서히 무너져 갈 것이며, 자기 자신을 증오하면 자신감은 사라지고 몸은 파괴되어 갈 것입니다. 말의 힘은 무한한 창조력을 가지고 있습니다.

 말을 어떻게 다루느냐에 따라서 운명이 달라집니다. 이제부터라도 우리는 삶이 불행으로 가는 것을 막아야 합니다. 그 첫 시작은 자기 자신을 사랑해주고 존중해주는 것입니다. 자신을 사랑해주는 사람만이 다른 사람들에게 사랑을 받을 수 있습니다. 자신을 존중해주는 사람만이 다른 사람들에게 존중받는 사람이 됩니다. 아이에게 해주는 긍정과 행복의 '취침말'. 아이도 살리고, 아빠인 우리 자신도 살리는 특효약이 아닐까요?

자고 있는 아이에게 무슨 말을 해야 할까요?

아이에게 해주면 좋은 '취침말' 10가지

1. 사랑해, 괜찮아, 고마워.
2. 아빠가 좋아하는 거 알지?
3. 오늘 힘들었니? 내일은 더 잘 될 거야.
4. 우리 아들, 멋지다.
5. 친구들과 재밌게 지냈니?
6. 아빠는 널 믿는단다.
7. 너는 무엇이든지 할 수 있어.
8. 아빠는 언제 어디서나 항상 네 편이란다.
9. 건강한 아이로 자라나거라.
10. 좋은 꿈꾸렴.

'취침말' Quiz

학교 다닐 때 가장 싫어했던, 그러나 아빠이기에 꼭 해야 하는 복습

1. 아빠가 아이에게 다음과 같은 말을 하기에 적절한 상황은 다음 중 어느 것인가? (   )

   > "아빠가 좋아하는 거 알지?"
   > "오늘 힘들었니? 내일은 더 잘 될 거야."
   > "좋은 꿈꾸렴."

   가. 숙제를 안 해서 엄마에게 혼난 아이에게 웃으면서.

   나. 곤히 잠자고 있는 아이에게 속삭이듯이.

2. 퇴근하고 집에 오니 아이는 자고 있었다. 잠자는 아이에게 다가선다. 아이에게 기도하는 마음으로 하는 '취침말'을 하자. 아이의 건강과 행복을 축복하는 말을 괄호 안에 하나만 적어보자. (주관식)

   (   )

맺음말

지금도 늦지 않았다

자신의 아버지가 옳았음을 비로소 알았을 때,
이미 자신에게 반대하는 아들이 하나쯤 있게 마련이다.
찰스 워즈워드

저는 가끔 아내와 이렇게 싸웁니다.

나　　아니, 무슨 애들 학습지가 한 달에 10만 원이 넘어?
아내　　다른 애들도 하잖아요. 내가 알아서 할게요. 우리 아이들만 뒤처지게 할 수는 없어요.

아이가 뒤처진다는 말에 저는 움찔하며 아무 말도 할 수 없습니다. 결국 저의 패배입니다. 아이를 위한 교육 프로그램보다 못한 사람이 되는 순간입니다. 화가 났습니다. 그리고 다짐했습니다.

"내 아이를 바꾸는 아빠 프로그램을 만들 것이다!"

그래서 정리한 게 바로 '아빠말'입니다.

재미있는 이야기를 소개합니다. 사람들은 결혼하기 전날 고민을 하게 된다고 합니다. 그런데 남자와 여자의 고민이 조금은 다르다고 하네요. 여자는 '이 남자가 최고일까?'라고 고민하지만, 남자는 '이 결혼이 최선일까?'라고 고민합니다.

이렇듯 우리 남자들은 결혼하면 가족을 먹여 살려야 한다는 생각뿐입니다. 즉, 생계를 책임지기 위해 어떤 일이 있어도 꾹 참고 하루하루 살아가는 것을 감수하죠. 가정의 생계를 위해 일해야 하는 의무감, 결혼 전 가지고 있던 취미의 포기, 자식들의 영원한 무이자 대출금고 역할 등 우리 남자들이 지고 가야 할 짐이 끝도 없습니다.

우리 아빠들은 이렇게 팍팍한 삶을 악착같이 살면서 한 번쯤 이런 생각을 해봅니다.

'이렇게 일만 하다 아이와 관계도 맺지 못하는 아빠가 되는 것은 아닐까?'
'아이와 즐거운 시간을 즐기지 못하는 아빠가 되지 않을까?'

그렇습니다. 우리 아빠들은 아이와의 관계에서 영원한 을(乙)입니다. 아내와의 관계에서는 그래도 한때 갑(甲)이었던 때도 있었습니다. 하지만 아이와의 관계에서 우리는 처음부터 을이었고, 아마 영원히 을에 머물 겁니다.

그렇다고 아이를 '파파보이'나 '파파걸'을 만들겠다는 뜻은 절대 아닙니다. 아이에게 휘둘릴 바에는 아예 아이와의 관계를 빨리 끊어버리는 게 낫다는 게 솔직한 제 심정입니다. 아이는 나의 분신이지만 우리는 조금 냉정해져야 합니다.

다음은 신문에서 본 내용입니다.

"실례하지만 누구신가요?" 지난해 서울 시내 한 대학 교수가 수업 시간 대학생으로 보기엔 나이가 좀 있어 보이는 중년의 여성에게 이렇게 물었다. "애가 무슨 사정이 있어서……." 그 교수는 엄마의 대출(대신 출석)도 놀라웠지만 "기왕에 여기까지 왔는데"라며 필기까지 대신해주는 모습에 혀를 내둘렀다고 했다. 학문을 하는 곳이라는 대학에도 부모가 들어왔다. 부모가, 특히 엄마가 수강 스케줄을 대신 짜준다, 시험 본 뒤 학점을 대신 문의해준다, 학과 사무실에 전화해 장학금을 알아봐 준다, 성적이 잘못 나온 거 같다고 따진다 등의 사례는 이제 너무 일상화됐다고 할까.

(〈중앙일보〉, 2013년 4월 5일 자)

저는 절대 이런 부모는 되지 않겠습니다.

이제 아빠도 육아에 참여해야 하는 시대가 되었습니다. 여성의 사회 참여가 늘어날수록 남자 역시 육아를 거부해서는 곤란합니다. 하지만 우리 아빠들은 어떻게 육아에 참여해야 하는지 잘 모릅니다. 우리가 언제 육아에 관해 배운 적이나 있나요? 이런 30대 후반, 40대 초중반 아빠들에게 갑자기 아이 육아를 책임지라고 하니 소위 '멘붕'에 빠지는 것이 당연합니다.

예전에 TV를 보는데 어느 아동 심리 전문가가 나와서 이런 이야기를 했습니다.

"하루에 3시간을 아이와 함께해야 한다."

우리끼리 솔직하게 말해봅시다. 아빠들, 할 수 있겠습니까? 아마 대부분의 아빠들이 못하겠다고 고개를 저었을 겁니다.

저는 우리 아빠들에게 많은 것을 바라지 않겠습니다. 그렇지만 최소한의 노력은 합시다.

- **하루에 딱 10분!**
  - '미래말', '긍정말', '과정말', '침착말', '엄격말', '공감말' 중 하나를 선택해서 대화한다.
- **일주일에 딱 1시간!**
  - '식사말'을 한다.

- **일주일에 딱 30분!**
  - '놀이말'을 한다.

- **아이를 위해서, 그리고 나를 위해서 매일!**
  - '취침말'을 한다.

- **매일 1장씩!**
  - '메모말'을 한다.

이 정도는 할 수 있습니다. 절대 어렵지 않아요. 이 책에 나온 10가지 '아빠말'을 모두 해보고 나서 '당신이 만든' 새로운 '아빠말'을 아이에게 해보세요. 그 과정에서 아이와 당신의 관계에 '놀라운 변화'가 생기리라 확신합니다.

혹시 이 책을 집어든 당신의 아이가 이미 중학생이라면 안타까운 일입니다. 아마 10배, 100배의 노력을 해야 할 것입니다. 하지만 만약 당신의 아이가 초등학교 3~4학년의 아이라면 행운을 잡은 겁니다. 늦었다 생각할 때가 가장 빠르다고 합니다. 절대 늦지 않았습니다. 지금 당장 '아빠말'로 아이와 대화하십시오.

감사합니다.

김범준

대한민국 아빠들이 꼭 읽어야 할 대화의 기술

아이와 통하는 아빠의 말

초판 1쇄 발행 2014년 1월 13일
개정판 1쇄 발행 2023년 1월 5일

지은이 김범준
일러스트 신예희 www.lazyphoto.com
펴낸이 이범상
펴낸곳 (주)비전비엔피 · 애플북스

기획 편집 이경원 차재호 김승희 김연희 고연경 박성아 최유진 김태은 박승연
디자인 최원영 한우리 이설
마케팅 이성호 이병준
전자책 김성화 김희정
관리 이다정

주소 121-894 서울시 마포구 잔다리로7길 12 (서교동)
전화 02)338-2411 | **팩스** 02)338-2413
이메일 visioncorea@naver.com
홈페이지 www.visionbp.co.kr
인스타그램 www.instagram.com/visionbnp
포스트 post.naver.com/visioncorea
이메일 visioncorea@naver.com
원고투고 editor@visionbp.co.kr

등록번호 제313-2007-000012호
ISBN 979-11-92641-02-7 (13590)

· 값은 뒤표지에 있습니다.
· 잘못된 책은 구입하신 서점에서 바꿔드립니다.

도서에 대한 소식과 콘텐츠를
받아보고 싶으신가요?